선(禪),
그 밭에서 주은 이삭들

동방(東方)의 빛, 화쟁(和諍)의 혼(魂)
새붉에게

저자 흔붉 변찬린
해제 이호재

文史哲
도서출판문사철

선, 그 밭에서 주운 이삭들

개정판 1쇄	2022년 2월 12일
초판발행	1988년 10월 20일
지은이	변찬린
해제	이호재
펴낸이	김기창
펴낸곳	도서출판 문사철
신고번호	제2008-000040호
주소	서울 종로구 창경궁로 265 상가동 3층 3호
전화	02 741 7719	팩스 0303 0300 7719
홈페이지	www.lihiphi.com
전자우편	lihiphi@lihiphi.com
디자인	스튜디오6982
인쇄 및 제본	천광인쇄사
ISBN	979-11-92239-00-2 (03200)

※ 값은 뒤표지에 있습니다.

선(禪), 그 밭에서 주은 이삭들
: 동방(東方)의 빛, 화쟁(和諍)의 혼(魂)
새붉에게

지은이 변찬린

해제 이호재

도서출판문사철

목차

6   읽어두기

7   [해제] 훈붉과 새붉 그리고 동방르네상스의 문명설계도

35   [본문] 선(禪), 그 밭에서 주은 이삭들

39   제 1 장 길은 옛길 날은 새날

61   제 2 장 영생의 마당에 춤추어라

79   제 3 장 성인교향악단(聖人交響樂團)의 창립공연

107   제 4 장 도(道), 공(空), 무(無), 성차원(聖次元) 영공간(靈空間)

121   제 5 장 풍류, 풍류체, 풍류심, 풍류객

135   제 6 장 봄의 가을, 여름의 가을, 가을의 가을, 잠시 후 겨울은 오리

157   제 7 장 새붉이여 새붉이여 새붉이여

179   제 8 장 사람이란 무엇이냐? 십자가의 보살행, 공동의 각(覺), 사랑의 공동체

213   제 9 장 대무(大巫), 마지막 때의 예언자, 새 시대의 전도자

237   제 10 장 그대 면벽(面壁)한 동굴에서 나오라

255   제 11 장 우주를 순례하는 구도자

읽어두기

1. 이 책은 변찬린이 쓴 "禪, 그 밭에서 주운 이삭들"의 유고를 저본으로 한다.
2. 독자의 가독성을 높이기 위하여 저본의 내용을 훼손하지 않는 범위에서
   1) 저본의 한자는 가능하면 한글로 바꾸었다. 그러나 한글로만 했을 경우 의미가 명확하지 않을 경우에는 한글과 한자를 같이 적어 두었다.
   2) 뜻이 어려운 한자는 한글과 한자를 같이 쓰고, ( )에 한자와 간단한 뜻풀이를 하였고 필요한 경우 각주에 자세한 뜻풀이와 출전을 밝혔다.
   3) 장의 제목은 저본에 없으나 독자의 편의를 위하여 추가하였다.
3. 산문의 경우 특별한 사례를 제외하고는 한글 맞춤법에 준하여 바로 잡았으며, 운문의 경우 저자의 독창적인 용어와 시감을 살려야 하기에 한글 표기법과 외래어 표기법에 어긋나도 그대로 두었다.

[해제]

혼붉과 새붉 그리고 동방르네상스의 문명설계도

이호재

1. 들어가며

『선(禪), 그 밭에서 주은 이삭들』은 흔붉 변찬린(1934 - 1985, 이하 흔붉선생이라고 함)의 '선(禪), 그 밭에서 주은 이삭들'의 유고와 1972년 출간된 『선방연가(禪房戀歌)』와 합본으로 1988년에 소량출간되었으나 곧 절판되었다. 유고는 세간의 주목을 전혀 받지 못한 희귀본인채로 방치되어 있었다.

그의 단행본 저술인 『선방연가(禪房戀歌)』는 '양잿물 사건'으로 죽음을 목전에 둔 상황에서 쓴 유언시집으로 그의 초기 사상을 알 수 있는 원천이다. 또한 그의 주저로 알려진 『성경의 원리』 사부작은 문명의 전환기에 새 종교가 가야 할 길을 예시한 경전해설서이다. 그러나 흔붉선생의 사상을 전면적이고 체계적으로 접근하기 위해서는 『선(禪), 그 밭에서 주은 이삭들』은 반드시 연구가 선행되어야 하는 필독서이다.

흔붉선생은 한국이 낳은 문명사가, 종교연구가, 성서학자, 종교개혁가 등의 다양한 이미지를 가진 세계적인 사상가라 할 수 있다. 낡은 문명을 비판하고 새 문명의 패러다임의 기틀을 제시한 사유체계와 이를 포스트 문명개혁으로 전개한 종교운동은 한계에 봉착한 현대 문명에 새로운 돌파구를 제시할 수 있는 유효한 사상을 담지하고 있다.

그는 한국의 종교적 심성을 바탕으로 단절된 동서사유의 회통과 포스트 종교운동을 통해 동방의 나라 한국의 세계사적 사명을 제시한다. 동시에 새붉이라는 새 문명의 구현자의 동참을 내세워 분단 이데올로기를 극복한 통일한국이 새 문명국가의 표본으로서, 새로운 인류역사를 창조하자며 '구도유언록'을 저술한다.

혼붉선생이 동방문명의 르네상스 시대를 열기 위한 방대한 사유체계를 짧은 해제에서 전면적으로 언급하기는 지면의 한계가 있다. 이 글에서는 그가 태어난 시대적 배경과 그의 삶, 그리고 책의 주요 내용을 중심으로 동방 르네상스의 기본 설계를 이해할 수 있는 정보를 제공하는데 집중하여 서술하기로 한다.[1]

---

[1] 구체적인 변찬린의 생애와 사상에 대해서는 다음의 책을 참고할 것: 이호재, 『혼붉 변찬린(한국종교사상가)』, 문사철, 2017.; 이호재, 『포스트종교운동: 자본신앙과 건물종교를 넘어』, 문사철, 2018.

2. 그의 생애와 책의 저술배경

그는 1934년 9월 18일 함주군(咸州郡) 흥남면(興南面) 천기리(天機里)에서 부친 변성명(邊星明), 모친 김성숙(金星淑)의 2남 3녀 중 막내로 태어났다. 역사적 인물은 땅의 영험을 안고 태어난다는 인걸지령(人傑地靈)이란 말이 있듯이 돌이켜 보면 그의 저술과 발언은 '천기누설(天機漏洩)'이란 말처럼 천기리에서 태어나 천기를 누설한 것은 아닐까라는 생각마저 들게 된다.

대주주 집안의 막내로 태어나 전통적인 유학을 학습하면서 어릴 때 때부터 흥남의 천재로 소문이 자자했다고 한다. 중학교 때부터 다니던 장로교 계통의 교회는 신사참배를 거부한 재건교회로 알려져 있다. 청소년 시절부터 한국의 종교적 심성에 뿌리를 두고 외래사상을 창조적으로 수용하여야 한다는 종교적 고민을 안고 구도의 길에 나선다. 그는 훤칠한 키에 미남형으로 기골이 장대한 대장부였으며, 억센 함경도 사투리에 카리스마있는 목소리를 가졌다.

흰붉선생의 삶은 민족사적으로 한민족의 수난, 전쟁과 분단을 경험하는 정점에서 전개된다. 세계 이데올로기가 양극화된 연장선상에서 형성된 분단조국에서 남한과 북한의 두 체제를 몸소 경험하였다. 또한 남한의 경제적인 빈익빈과 부익부의 현상을 목격하며 늘 불우하고 가난한 자리에서 삶을 영위하였다. 한편 종교사상적으로 한국의 종교지형은 일제 강점기 이후 전통종교의 붕괴로 인하여 해방후 종교시장이 전면적으로 재편되는 각축장이었다. 외래종교인 천주교와 개신교는 서구신학의 테두리에서 종교시장을 장악해 나가는 반면에 민족종교는 종교시장 재편과정에서 종교성을 그다지 발휘하지 못한다. 일제강점기에 신사참배를 한 교계지도자가 중심이 된 그리스도교계가 권력과 결탁하여 교세를 확장하는 모습에 비판의식을 가진다. 특히 한국 교회의 기복신앙과 대중신학자의 식민주의적 신학태도, 그리고 그리스도교 신종교 계통의 성서적 '이단'의 발흥, 그리고 전혀 '한국적'이지 않은 토착화신학에 대한 심각한 문제의식을 가지고 '참 종교'가 무엇인가에 대해 근본적인 성찰을 한다.

이런 역사적 자의식을 바탕으로 그는 종교와 신학, 철학과 역사, 과학과 예술 등을 폭넓게 공부한다. 다른 한편으로는 선맥(僊脈)과 무맥(巫脈), 유교, 불교, 도교 등 전통적 종교와 동학(천도교), 증산교, 대종교, 원불교 등 민족종교, 그리고 서양에서 전래된 천주교와 개신교 등을 포함한 다양한 종교에 대한 깊은 교차적인 경험을 한다.

그는 학연과 지연, 사회적 명예와 권력으로부터 철저하게 소외되었고 본인 스스로 소외시켰던 구도자 그 자체였다. 흔붉선생은 1965년, 32세가 되던 해부터 은밀한 구도의 공간에서 검은 대학노트에 쓴 글이 바로 이 책이다. 그가 사망하기 3년 전인 1982년에 『성경의 원리(하)』 후기에 "누구 한 사람도 이해하는 자 없이 고단히 행하는 길목마다 진한 각혈의 장미꽃 아름답게 피워 처절하도록 눈부신 화환을 엮어 저는 아버지의 제단에 바쳤습니다"라고 말하며 "자강불식(自强不息), 오늘도 저는 홀로 길을 가고 있습니다. 이제는 좋은 길동무를 만나 외롭지 않게 하십시오"라고 말하듯이 그의 삶은 철저히 불우하고 처절하고 고독하였다. 그러나 누구에게도 양보하지 않는 깨달음의 높이와 열린 신앙의 깊이로 맺은 구도의 열매를 창조적인 소통언어로 구도의 반려인 미래의 구도자인 새볽에게 당부하는 지침서를 쓰는 외에 다른 방법이 있었을 리가 없었다. 그의 구도 일생을 일목요연하게 증언해 줄 수 있는 목격자가 없는 상태에서 그가 32세부터 사망하기 3년 전까지 쓴 이 책은 그의 사상체계를 온전히 담아내고 있는 유일한 책이다.

책 명	집필기간(년도)	초판출간(년)	비고
『선, 그 밭에서 주운 이삭들』	1965 - 1982	1988	유고출간
『선방연가』	1972		생존출간
『성경의 원리』	1972(?) - 1979	1979	
『성경의 원리 中』	1972(?) - 1980	1980	
『성경의 원리 下』	1972(?) - 1982	1982	
『요한계시록 신해』	1982 - 1985	1986	유고출간

[변찬린의 단행본의 집필기간과 초판출간 년도]

이런 구도의 과정에서 그리스도교 신종교 계통으로부터 사주를 받은 지인에 의해 발생한 '양잿물 사건'은 그의 삶을 획기적으로 전환시킨다. "하루에도 죽음의 문턱을 서너번 들락거리는"상황에서 구사일생으로 생명은 건졌지만 '산 송장'이 된다. 불의의 사건으로 그는 기도가 막혀 물 한 방울을 넘기지 못하는 몸으로 남은 생애 동안 관을 통해 주입하는 이유식으로 연명하는 육체적인 고통 속에 유언시집인『선방연가(禪房戀歌)』(1972)를 출간한다.

청년시절 세계경전을 새롭게 해석한다는 원대한 학문계획은 '양잿물 사건'으로 인해 수포로 돌아간다. 언제 죽을지 모르는 극한 상황에서 신체적 위협마저 느끼는 불안을 안고 그는 『성경의 원리』 집필에 사활을 건다. 그의 종교적 여정은 오히려 '양잿물 사건' 이후에 세상에 포착된다. 이때 등장하는 인물은 다석 유영모, 신천 함석헌, 법정, 김범부, 증산진법회 회장인 배용덕, 장병길 교수(서울대), 최순직 목사, 정역연구의 대가 이정호, 시인 이열 등이 대표적이다.

'사람다운 사람이 되고픈' 구도자로서 그는 필요한 말 이외에는 본인의 의중을 누구에게나 함부로 말하지 않았다. 심지어 〈성경강의〉에서도 경전해석 외에 잡다한 사적인 발언은 거의 들을 수 없다. 그의 저술과 《성경강의테이프》에는 종교현장에 대해 다양하고 정확한 종교정보를 바탕으로 하는 구체적인 발언이 많이 있다.

1970년을 전후하여 그는 함석헌의 배려로 서대문구 종교친우회의 단칸방에 기거하며 별도의 성경모임을 가진다. 이 소모임은 얼마 지나지 않아 사오십명 이상으로 확대되자 세력확장을 두려워하던 어떤 종교단체에 의해 강제로 해산되는 아픔까지 겪었다. 그러나 이 성경소모임이 토대가 되어 종교개혁을 표방한 새 교회가 1977년 4월 18일(음력 3월 1일)에 창립되었고, 두 차례에 걸쳐 기성 교회와의 연합운동으로 확산되었으나 그다지 성공적이지 못한 채 1983년에 막을 내린다. 건강이 급격히 악화된 변찬린은 죽기 6개월 전까지 『요한계시록 신해』의 집필에 전력하며 1985년 2월에 마지막 유고를 남긴다. 1985년 8월에 검은 구름이 잔뜩

끼인 날, 검푸른 동해 바다에 그의 유골이 뿌려졌다.

혼볽 선생의 일생은 사회적인 잣대로 평가할 '그 무엇'을 어느 것 하나 가지고 있지 않은 고독한 종교인이었다. 그러나 깨달음의 높이와 믿음의 깊이로 구도자의 품위를 잃지 않는 성실함으로 목숨을 건 신화적 삶을 살았다. '산 송장'으로 포스트종교운동의 씨앗이 될 『성경의 원리』 사부작이라는 역사적 저술을 남긴다. 그리고 종교운동을 통해 동방 르네상스의 주인공인 역사의 민중을 일깨우려는 예언적 선지자의 외침을 고스란히 새볽에게 남긴다.

바로 이 책이다.

3. 책의 주요 내용

1) 동방르네상스의 문명설계도

변찬린은 청년기의 종교적 방황과 방랑의 생활을 끝내고 자신의 구도적 경험을 "동방의 빛, 화쟁의 혼, 새붉에게" 보내는 구도의 편지를 쓴다.

'호붉'[2]은 한민족의 이상향을 담은 현대어이다. 한민족은 선맥(僊脈)을 은장한 민족이다. 선맥의 이화세계와 풍류세계, 그리고 근대 민족종교의 개벽세계 뿐만이 아니라 동서양의 사유체계를 회통하여 한민족의 문화적 원형을 창조적으로 복원하고 이를 미래 인류문명의 상징어로서 '호붉'은 그의 구도적 지향점이 담긴 종교적 기제인 동시에 동방 르네상스의 부흥을 상징하는 핵심언어이다. 동방 르네상스의 발현은 단순히 망각된 동방 문명의 복원을 지향하는 복고지향의 과거담론이 아니라 다가오는 열린 문명을 '지금, 여기'에서 발현하는 문명사적 사건이다.

호붉선생은 한국은 낡은 세계사의 결론이며 새 문명의 출발지로 상정한다. 역사시대의 고난을 짊어진 분단 한국은 세계 문명의 차별적 분열, 이율배반적 모순과 제국적 권위를 해체하고 이를 근본적으로 해결해야 할 사명을 가진 국가이다. 낡은 문명을 부둥켜

---

2   '호붉'이라는 용어는 변찬린이 최초로 사용한 언어이다. '한밝'은 한국민족문화대백과사전에도 수록된 한민족의 광명사상이라고 말하고 있다. 1965년 '양주동이 '한붉'이라고 쓴 적이 있지만 필자가 그의 사상을 '호붉사상' 혹은 '호붉문명사가'라고 할 때의 차연(差延, différance)적 의미는 상당히 크다.

안고 분단 이데올로기에 의해 세계인의 고난과 죄악과 차별을 '속죄'하는 나라가 한국이다. 따라서 세계사의 낡은 문제가 축적된 미래 한국의 지향점과 한국인의 사유체계는 세계사적 안목을 가져야 한다. 더 나아가 한국인은 새 문명의 패러다임을 지향하는 테스트베드 국가의 책임을 짊어진 행보를 보여야 한다. 이런 동방르네상스의 설계를 구현할 실천자가 새붉이다.

> 고요한 아침 나라 동방은 밝아온다.(제1장 5절)
> 자유의 광장에는 지천태(地天泰)의 태극기가 게양되어 바람에 나붓기고 평화의 동산에는 무궁한 꽃들이 만발하리라.(제7장 8절)
> 고요한 동방 아침의 나라가 밝아 오면 영(灵)의 시대가 개막되리.(제8장 2절)
> 대무(大巫)는 새날을 개명하는 한국인의 사명입니다. 화쟁(話諍)은 한국 혼의 저력입니다. 내 조국은 더러운 세계사의 죄악을 속죄하기 위하여 보혈을 흘리고 있지 않습니까?(제9장 1절)
> 새 날 모든 길은 한국으로 통할 것을 나는 알고 있습니다.(제 9장 9절)

문명패러다임의 전환은 패권을 지향하는 중심국가가 아니고 다양한 문명과 문화가 축적된 주변국에서 발생한다. 이스라엘의 종교문화가 당시 서구 세계의 중심이었던 로마를 통해 서구문화를 구축하는데 기여한다. 고조선 문명은 중원에 전래되어 중국문화를 형성하는데 큰 역할을 한다.[3] 샤카족의 불교문명은 동남아시아와 동북아시아의 종교문화로 안착되었다. 이런 축 시대의 문명이 지구촌 사유가 합류하는 시대에 지정학적으로 선맥과 무맥, 유교와 불교, 도교와 그리스도교, 과학과 기술 등이 조화롭게 축적된 한국의 위상은 문명사적 차원에서 지극히 중요하다. 더구나 역사의 종말이라는 냉전 이데올로기마저 아직도 분단 한국에서는 그 생명을 이어가고 있다.

거듭 강조하지만 축 시대의 분절된 문명과 문화가 지구촌 사유가 합류되고 교차되는 시대에 동방의 한 나라인 한국의 지정학적이고 인문학적인 가치는 심대하다. 세계 문제가 축적된 역사적 공간에서 세계문제의 해결의 실마리도 전파되어 확산된다. 즉, 한국은 동방르네상스의 설계도를 가지고 세계 문명을 선도해 나갈 세계사적 사명을 발현할 수 있는 지구인문학의 자산을 고스란히 축적하고 있는 나라이다.

이렇게 생각할 수 있는 사유의 원형과 인문학적 원류는 무엇인가? 동방 르네상스의 부흥은 "풍류도(風流道)와 선맥(僊脈)의 하늘"을 보존한 한민족 기층문화의 발현에 기인한다. 풍류도는 동방르네상스의 문화적 양태이며, "선맥의 하늘"은 새로운 차원의 생명문화의 전개이다. 즉, 분열적 인간이 형성한 낡고, 차별하고 상극하는 죽어가는 문명의 분열우주에서 통합적 인간이 형성하는 새롭고, 조화롭고, 상생하는 새로운 문명, 통합우주를 연다는 의미이다. "선맥의 하늘"을 개천하여 "풍류도"가 발현되는 동방르네상스는 존재론적인 인간혁명, 인식론적인 사유혁명, 실천론적인 생활혁명이 동시에 수반한다. 이를 추동하는 주체가 새붉이다.

---

3 신용하, 임재해, 우실하, 윤명철, 백종오, 박선희,『고조선문명총서』(전6권), 지식산업사, 2018.: 안동준,『한국도교문화의 탐구』, 지식산업사, 2008,; 정재서,『한국 도교의 기원과 역사』, 이화여자대학교출판부, 2006.

새붉은 "풍류체(風流體)"의 가능태로서, 원융자재한 "풍류심(風流心)"을 가지고 품위와 기품을 가진 "풍류객(風流客)"의 모습을 일상세계에 발현하여야 한다. 풍류체는 창조적 진화의 완성태인 궁극적 인간의 존재양태이며, 풍류심은 특정한 종교와 철학사상과 이데올로기에 얽매이지 않고 이를 회통하여 조화롭게 하는 마음체계이며, 풍류객은 일상생활에서 종교적 굴레와 사회적 사슬과 문화적 가면에 얽매이지 않는 자유자재한 생활을 하는 구도자이다. 흔붉선생이 "풍류도와 선맥의 하늘을 개천했다"는 말은 관념적이고 사변적인 지적 상상력이 아니다. 높은 깨달음과 깊은 종교적 신앙이 뒷받침되지 않으면 말할 수 없는 문명사적 발언이다.

그러나 동방르네상스로 가는 길목에는 축 시대의 피안종교와 기복신앙에 물든 직업종교인의 맹신, 이데올로기의 유토피아를 주창하는 직업정치인의 착각, 지성과 행위가 일치하지 않는 직업지성인의 위선 등이 새붉의 안목을 가리고 있다.

흔붉선생은 이를 '영생'이라는 종교적 차원이 부활사상을 신앙하는 기독교조차 피안종교로 전락하고, '장생불사'를 주장하는 선맥은 외단과 내단의 도교문화에 의해 본질이 왜곡되었으며, 유교와 불교에는 그 맥락이 은폐되어 있다고 진단한다. 그러나 한국의 선맥(僊脈)은 고조선 문명의 생명사상과 이화세계, 풍류정신, 그리고 근대 민족종교의 토착화된 종교적 영성의 도맥(道脈)을 흔붉선생은 "풍류체"라는 종교적 언어로 동이족의 신선사상과 기독교의 부활사상을 융합하여 새로운 '영생'기제로 복원시킨 단초를 이 책에서 선보이고 있다.

뿐만아니라 "풍류심"을 가진 구도자는 한국의 역사적 정황을 바탕으로 외래사상을 창조적으로 수용하여 체계화하고, 자신의 학문체계와 행동체계를 일치함으로서 스스로 '권위'가 된다. 원효, 고운, 퇴계, 율곡 등 풍류심을 가진 역사적 구도자는 자신의 세계인식의 바탕 아래 시대에 도전하는 외래사상을 창조적으로 수용한 역사가 있다. 훈붉선생은 이런 역사적 학맥을 창조적으로 계승하며 『성경의 원리』 사부작을 한국과 세계의 지평에 선보이고 있다. 특정종교와 특정종(교)파 혹은 특정이데올로기나 특정인의 사유체계를 맹종하고 배우는 차원을 떠나 한국의 세계사적 사명을 자각하는 구도자 새붉은 낡은 문명의 사유체계를 껴안고 지식체계가 멈추는 자리에서 새로운 문명의 사유체계를 만들어내어야 한다고 끊임없이 일깨운다.

"풍류객"은 자유자재한 신명이 발현한 '바람과 같은 나그네'의 마음을 가진 한민족을 지칭하는 말이다. 긴 역사적 흐름에서 한민족은 끊임없이 유목민에서 농경민으로 정착하는 과정을 겪은 민족이다. 유목민의 기질을 내장한 한민족은 "호모 커넥투스(Homo-Connectus)"로서 우주의 연결망과 지구의 관계망에서 특유의 문화 DNA를 자랑하고 있다. 거대한 우주유기체의 빛을 밝힐 새붉은 특정 종교와 특정 종(교)파의 올가미에서 초극하고 특정 이데올로기의 대변인이 아닌 '홍익인간'하는 본래의 마음을 발현해야 한다. 특히, 이 책의 제3장 8절은 이런 풍류객의 마음을 잘 묘사하고 있다. 풍류객의 일상은 늘 역사의 시대정신과 민중과 더불어 동고동락한다. 풍류객은 바람과 같이 어디에도 얽매이지 않고 바람처럼 살아가는 바람(願)의 존재이다.

　동방르네상스의 '훈붉문명'은 동방의 원형문화를 지구촌 합류시대에 이화(理化)와 사랑과 자비와 인의로 재현한 풍류공동체로서 새붉이 주인공인 문명이다. 이 책에는 동방르네상스가 지향하는 문명관, 종교관, 구도관, 성인관, 과학관, 풍류관, 한국관, 새붉관 등이 총망라되어 있다.

　단적으로 말하면 파스칼의 『팡세』가 기독교 변증서라면 이 책은 한국의 '원래의 대도인 풍류도와 선맥(僊脈)의 하늘'에 대한 변론서이며, 아우렐리우스의 『명상록』이 스토아철학의 명상과 사유라면, 이 책은 낡은 문명에 대한 반성과 새 문명의 불을 밝힌 동방르네상스 설계도이다. 동방르네상스의 설계도를 가지고 새 문명을 만드는 주역은 당연히 새붉이다.

2) 새붉에게 주는 '구도유언록'

　'구도유언록'은 훈붉선생이 자신의 꿈을 계승할 제자를 양성하기 어려운 상황에서 미래의 구도자인 새붉에게 자신의 구도 경험과 종교 체험을 바탕으로 동방르네상스의 주인공인 새붉에게 당부하는 구도의 지침서로서 역할을 한다.

　'새붉'이라는 새 문명의 구현자는 노자의 상사(上士), 박(璞, 혹은 樸), 장자의 지인(至人)과 진인(眞人), 주역의 대인, 불교의 보살, 유가의 군자 등을 융합하고 초극한 새로운 구도자이자 새 문명의 실천자로 내세운 구도의 반려로서 제언된다. 새붉은 그리스도교, 불교 등 종파종교의 분별, 패권국가를 지향하는 국제정치의 제국화, 선진국과 개도국의 빈부의 양극화, 분열적 인간의 탐욕에 의해 초래된 우주생태계의 위기 등을 포함한 낡은 문명을 근원적으로 해결해야 할 구도자이다. 훈붉선생은 세계의 하수구이자 세계 정신유산의 축적지대인 한국의 구도자인 새붉만이 낡은 문명의 문제를 해결하고 새 문명을 개척해 낼 수 있다고 독려한다. 새붉은 깨달음과 믿음과 실천이 일체가 된 바탕위에 동방르네상스의 부흥이 자신의 세계사적 책무라는 것을 자각하기를 당부한다. 그의 격려와 응원은 짜여진 연출에 의해 기획된 것이 아니다. 그의 실천적 행동은 치밀한 각본에 의해 설계된 것이 더더욱 아니다. 그의 구도록은 구도자의 진실한 마음과 성실한 행동을 바탕으로 한 유언이기에 더욱 깊은 울림으로 다가온다.

    구도자 새붉은 역사시대의 오메가이자 새 시대의 주인공으로서 깨달음의 높이와 지성의 두께와 신앙의 깊이를 가져야 한다. 훈붉선생은 구도의 반려인 새붉에게 때론 간곡하고 준엄하게 때론 다정한 목소리와 추상과 같은 호령으로 낡은 문명과 낡은 인간에 대한 근원적 성찰을 요구한다. 역사적 인간은 종파종교의 노예이며, 이데올로기의 괴뢰이며, 정치적 당파의 주구이며, 과학적 유토피아의 나팔수에 불과할 뿐이다. 역사적 인간은 '인간은 만물의 영장(靈長)'이라는 진정한 가치를 상실한 비인간인 배우(俳優)이자 가짜 인간(假人)이며 큰 사람이 아닌 조무래기 소인(小人)이고 큰 앎을 잃어 버리고 작은 앎에 집착하는 소지(小知)라고 신랄하게 비판한다. 새붉은 분열적 인간과 탐욕적 인간과 차별적 인간이 만들어놓은 종교와 정치 등의 관계망에서 자유자재할 수 있게 처신하라고 충고한다. 더불어 새볽은 특정 종교와 특정 교파와 특정 '주의와 사상'에서 절대 자유한 존재로서 종교적 명예와 경제적 자본과 정치적 권력 등 여러 인연의 중생을 헤쳐버리고 절대 자재한 자리에서 새로운 빛을 내기를 당부한다. 특히 구도자로서의 새볽은 은혜와 깨달음과 믿음이라는 종교적 문법에 얽매이지 말고 민중과 동고동락하며 고난의 보살행을 하여야 한다는 현실적인 대안을 제시한다.

한볽선생은 낡은 문명의 폐해에 공감하는 시대의 구도자인 새볽에게 새 문명의 길을 닦는 구도의 주인공으로 나서라고 재촉한다. 새볽은 낡은 시대의 개혁자이자 새 시대의 창조자로서 소임을 다하여야 한다. 동방르네상의 주역인 새볽은 스스로 권위가 되어 새 문명의 등불을 밝히라고 말한다.

"새볽이여"를 81차례나 호명하며 당부하는 '산 송장'의 목소리는 깊은 울림으로 마음 속에 잠든 밝음의 새 빛을 일깨운다. 이런 선지자의 목소리는 자신은 안락의 자리에서 자기의 '현직과 명예와 원로' 등 사회적 성공자본을 움켜쥔 채 남에게만 호령하는 뭇 직업종교인, 직업지식인, 직업정치인 등이 말하는 가식적인 권언이 아니다. 처절한 인간 이해를 바탕으로 생사의 기로에서 외치는 구도자가 절규하는 언설에 가식과 탐욕과 목적이 있을 리 없다.

'구도유언록'은 동방르네상스의 주역이자 도의 반려인 새볽에게 남긴 위촉서이다.

3) 전환기의 문명 담론집

이 책은 영성우주와 시공우주의 경계선상의 경계인으로서 흔붉선생이 이데올로기의 종언과 탈종교와 초종교와 초과학의 시대를 문명사적 관점에서 조망한다. 이 구도문명 담론집은 지구촌의 사유체계가 합류된 시점에 동서의 사유체계를 회통하고, 선사시대의 신화적 사건의 회고와 역사시대에 전개된 문명의 한계상황을 돌파하여 새로운 영성시대를 지향하는 전환기에 문명담론으로 제안하고 있다. 한국의 구도자에게 보내는 문명서신은 현재의 시점에서도 낯설지 않고 더욱 절실하게 성찰되어야 할 문명지침서로서 역할을 한다.

차별과 분별에 바탕을 둔 언행 불일치 사유체계에서 발아한 현대 문명의 종착점은 어디일까? 결과에 책임을 지지않는 과학기술과 지구자원을 오로지 욕구충족의 도구로 삼는 역사적 인간이 추구하는 문명의 결말은 무엇인가? 과학적 도전에 무기력한 종파종교인과 지식의 바벨탑을 관념의 모래알로 쌓는 직업지식인에게 문명의 열쇠를 맡길 수 있을까?

그는 문명의 가을에 인간의 지혜와 능력이 극대화되어 온갖 과학기술이 발전하여 과학적 인간이 제시하는 과학적 유토피아에 열광할 것이라고 예견한다.

컴퓨터와 사고하는 로봇, 유전공학으로 전대미문의 과학 기적을 행하면서 인간을 지상 천국의 환상 속으로 인도하며 핑크빛 무드에 빠져들게 할 것이다. 인간의 능력을 극대화한 컴퓨터와 로봇 그리고 유전공학과 분자생물학은 기적의 약, 기적의 농산물, 기적의 섬유, 기적의 화학제품을 만들어 내어 지상 천국의 꿈을 앞당길 것이다. 심지어 복제 인간을 만들어내고 불로장수하는 약도 개발하여 타락한 인간이 영생할 수 있다고 과대 광고를 할 것이다.[4]

낡은 문명과 낡은 종교, 그리고 닫힌 세계관에 봉착한 인류의 문명을 예견한 듯 훈붉선생은 새 문명과 새 종교, 그리고 열린 미래에 대한 인간의 가치를 재인식하고 문명전환기에 대처해야 할 처방전을 제시하고 있다. 무엇보다 그는 이 책에서 인간에 내장된 무진장한 가능성을 발현하여 완성된 인간으로 거듭나는 것이 급선무임을 강조하고 있다. 궁극적 인간의 가능성과 가치에 대한 훈붉선생의 신념은 무한대이다.

> 내가 영(灵)의 시대를 예언하고 지인(至人)의 탄생을 선언하고 인간의 원리를 개봉하고 미래를 노래하니 저 하찮은 소인들은 대소(大笑, 크게 비웃음)합니다.
> 〈종교에서 탈출하기 위하여 출애급 하라〉, 〈성인(聖人)들을 살리기 위하여 고성(古聖)들을 초극하라〉, 〈세계의 평화를 위하여 해원굿을 하자〉, 이렇게 대갈(大喝)하니 천박한 종교꾼들은 알아듣지 못합니다.
> 사랑의 공동체와 신령한 공동각을 증거하니 오만한 석두(石頭)들은 개별의 각을 고집합니다.
> 〈책을 분서(焚書)하라〉, 〈도서관을 방화(放火)하라〉, 〈사상(思想)을 폐기하라〉, 이렇게 충고하니 문어 대가리 지성들은 냉소합니다. 자유와 자율과 성과 사랑을 노래하니 저 천민인 도덕가들은 비난합니다.

---

4   변찬린, 「요한계시록 신해」, 한국신학연구소, 2019, 210.

〈영(灵)의 원광을 개발하라〉, 〈로고스 늄을 채굴하라〉, 〈성령의 불을 가동하라〉 이렇게 외치면 미신하는 과학자들은 믿지 않습니다.(제 9장 12절)

그는 이러한 지점에서 인간의 우주적 자리를 재정립하고, 새 문명의 기틀을 바로 세워야 한다고 주장한다. 그렇다고 완전한 인간이 되는 구체적인 방법을 제시하지는 않는다. 바로 이 지점이 다른 종교인과 크게 차별화되는 지점이다. 인간은 단독자로서 하나의 소우주이자 신성한 만물의 영장이다. 완전한 인간이 되는 구체적인 길을 특정 개인이나 특정 조직이 제시할 수 있는 것은 아니다. 그것은 '종교적 사기'이고 '정치적 구호'에 불과할 뿐이다. 흔붉선생은 이런 사기적 위선으로 인해 새 문명은 특정 조직과 특정 인간에 의해 낡은 문명으로 변질되는 것이라고 통렬하게 지적하고 있다.

그의 책 곳곳에는 하나의 경구가 하나의 담론주제가 될 수 있을 정도로 날카로운 문명담론을 제시하고 있다. 예를 들어보자. '사고의 대혁명을 일으켜 생명을 갱신하고 영(灵)을 개벽하여 지인(지인)으로 회귀하라'는 인간혁명, 지인(至人)의 날, 영의 시대가 도래하면 〈하나님 어머니〉께 새 예배를 드리자는 신관혁명, 성인을 우상숭배의 대상으로서 삼지 말고 친구로 상대하자는 종교적 신앙혁명, 과학적 미신을 타파하고 기계를 영화(靈化)하자는 과학혁명, 우주를 홀로 산보하다 역사의 광장에서 백성과 혁명하자는 역사혁명, 낡은 문명의 종교와 국가와 이데올로기를 사라지게 하자는 문명혁명, 만유의 조화로움을 구현하자는 생태계혁명, 지천태의 태극기가 바람에 나부끼고 무궁한 꽃이 만발하게 하자는 한국혁명 등을 포함한 문명사적 통찰력을 제시하고 있다.

예언자적 목소리로 우주와 지구와 생명과 물질을 관통하는 언설은 깨달음의 높이와 종교적 신앙의 깊이를 담지고 있기에 어느 것 하나 소홀히 지나칠 수 없다. 하나의 경구가 하나의 담론이다. 담론의 형성 주체와 실천 주인공은 당연히 새붉이다.

4. 남겨진 과제

아직도 세간에 제대로 알려져 있지 않은 흔붉선생은 근현대사의 사상가로서 세 가지 측면에서 역사적 평가를 하여 한국 학계와 종교계의 공백을 채워야 한다.

첫째, 흔붉선생의 구도자적 체험과 검증이 오롯이 담긴 저술에 대한 바른 이해와 평가이다. 그의 삶은 이미 신화가 되어가고 있다. 그는 누구라도 쉽게 범접하지 못하는 '고고한' 계율과 율법과 수도의 철저함을 내세우는 구도자가 아니다. 그는 세계 이데올로기의 축적지인 한국에서 태어나, 명예와 권력과 자본을 가진 직업 종교인들과는 달리 무명의 낮은 자리에서 언제 죽을지 모르는 나약한 신체로 구도의 길을 간다. 그의 웅장한 기개와 원대한 꿈은 '사대주의와 식민주의'에 물든 뭇 직업지성인과도 그 결을 달리한다.

이런 역사적 자의식은 원효(元曉, 617 - 686)[5]와 화담 서경덕(花潭 徐敬德, 1489 - 1546)[6]에게서 겨우 엿볼 수 있다. 이런 역사적 학맥을 창조적으로 계승한 흔붉선생은 "어찌하여 기독교의 원효, 기독교의 고운, 기독교의 퇴계와 율곡은 없는가?"라고 되물으면서 "번개와 피와 아픔과 고독"이라는 처절한 구도의 결과로 쓴 "〈성경의 원리〉 상·중·하 세 권은 두 사이비 종교 (기독교와 맑스교)의 괴뢰로 전락된 이 민족과 세계 앞에 제출한 나의 피 묻은

---
5 한국민족문화대백과사전, '원효(元曉)'항목
6 고려대학교부설민족문화연구소 역주, 『국역 화담선생문집』 1971, 고려대학교 민족문화연구소출판부, 1971, 6.

각서이다."라고 담대하게 말하며 세계적 지평에서 저술을 한다.

원효가 당나라의 종파불교가 신라에 난립하자 화쟁사상으로 통불교의 불교적 학통을 수립하여 불교세계관을 새로운 차원으로 혁신시켰다. 또한 조선시대에 성리학 이외에는 '사문난적'으로 정죄했듯이 서구의 종교문화적 토양에서 형성된 로마 카톨릭과 개신교의 교파교회가 한국에 전래되어 서구에 뿌리둔 신학 이외에는 '이단'으로 정죄하는 역사적 유비상황이 지구촌 합류시대에 한국 종교시장에서 재연되고 있다.

이런 상황에서 흰붉선생은 원효와 같이 서구의 교파와 신학이 난립한 한국 그리스도교계의 한계적 상황을 극복하면서 새로운 성서해석의 지평을 열고, 선유(先儒)들이 언급조차 못하였던 유학의 난제에 해답을 제시한 화담과 같이 서구 신학자들이 언급조차 못한 도맥론, 장자론, 윤회론 등 성서와 그리스도교 신학의 난제를 해결하며 세계 종교(신학)계의 난제에 대해 새로운 해답을 제시하고 있다. 한국의 어떤 종교인도, 특히 신학자도 한국의 종교적 심성에 바탕을 두고 성서 전체를 '일이관지'한 안목으로 해석한 사례가 없다.[7]

이외에도 그를 세상에 알린 『선방연가(禪房戀歌)』는 "꽃을 주제로 한 40편의 시"로 구성된 구도의 영성(靈聖)시집과 그의 사상의 전면모를 총체적으로 알 수 있는 『선(禪), 그 밭에서 주운 이삭들』에 대한 문명사적 담론으로서 정당한 평가가 필요하다. 강조하지만 그의

---

7   이를 필자는 삼대선언과 일곱가지 해석체계로 범주화하여 '흰붉성경해석학'으로 명명하였다. 세계 종교(신학)계에서 한국적 사유를 바탕으로 성서 66권을 해석하여 세계적인 지평에 선보인 예는 아직도 없다.

저술은 처절한 구도자의 생애를 살면서 한국의 선맥과 풍류정신을 바탕으로 쓰여진 저술이다. 따라서 구도자의 삶을 사는 뜻있는 학자에 의해 그의 저술에 대한 깊이 있는 평가가 이루어지기를 기대한다.

둘째, 스스로 '산 송장'이라는 몸을 이끌고 펼친 새 교회 운동에 대한 객관적인 평가이다. 그는 새 문명의 종교혁신과 개혁을 표방하고 약 7년간 포스트종교운동을 전개한다. 포스트종교운동으로서 새 교회운동은 초종교로서의 진리공동체, 새 문명의 사명공동체, 새시대의 생활영성공동체를 표방하고 출발하였지만 새 교회가 사명공동체로서의 기능이 작동된 적은 없다. 당시 연인원 천여 명 이상의 현직 목사가 흔붉선생의 성경강의를 들었다고 하지만 그의 『성경의 원리』는 이해관계자에 의해 심하게 왜곡되어 유포되거나 무단으로 표절되고 있는 실정이다. 또한 '사랑의 공동체'와 생활영성공동체는 시도조차 하지 못한 역사적 과제로 남겨져 있다. 그럼에도 불구하고 중요한 종교혁신의 씨앗, 즉 진리공동체로서 기능할 수 있는 『성경의 원리(上, 中, 下)』 3권이 새 교회 운동기간 중에 출간되었으며, 이 운동으로 남겨진 다종교적이며, 다학제적이고, 다학문적 방법으로 강의된 300여 개의 《성경강의테이프》와 새 교회 운동이 주장한 종교적 구호와 문명혁명의 가능성에 대한 역사적 가치가 제대로 평가되어야 한다.

마지막으로 흔붉 선생에 대한 평가를 제대로 하기 위해서는 연구자가 구하기 힘든 논문류의 자료를 수집하여 발간하고, 그가 남긴 300여개의 《성경강의테이프》도 자료형태로 발간되어야 비로소 종합적인 연구가 가능할 것이다.

5. 나가며

혼붉선생이 남긴 '구도유언록'은 자신의 구도경험을 바탕으로 구도자에게 학문적 방법, 구도과정의 금기사상, 구도의 지향점을 상세하게 알려주는 시금석 역할을 할 것으로 생각한다. 그의 구도유언록은 인류문명에 대한 반성, 역사적 인간의 가치, 열린 미래를 지향하는 찬가이다.

새 문명에 대한 동방르네상스의 설계도가 낡은 문명과 새 문명의 전환기에 인류의 정신자산이 축적되고 지금도 남과 북의 분단 이데올로기로 고통받는 한국인에 의해 설계되었다는 점은 특기할 만하다. 그러나 이런 동방르네상스의 도래는 무엇보다 만물의 영장인 인간에 대한 새로운 이해와 새로운 인간형의 탄생이 없이는 불가능하다. 과거의 낡음과 단절하고 현재를 단속한 비약의 차원에서만 새 문명의 전개가 시작된다.

따라서 구도유언록의 결론은 동방르네상스의 구현자인 새붉의 자발적인 등장이다. 풍류체로서의 가능성을 가지고 온유한 풍류심을 내장한 바람과 같은 풍류객으로 전환기의 문명사를 새롭게 열어제칠 수 있는 새붉이 나서야 한다.

새붉의 출현은 낡은 문명의 '끝'이고 새 문명의 '머리'이다.
동방르네상스는 전환기의 인류문명사의 '끝머리'이다.

새붉은 누구인가?
'구도유언록'을 읽고 가슴이 고동치는 바로 그대이다.
그대! 동방르네상스의 구현자로서 세상에 나오라.

6. 변찬린의 주요 저술 및 그에 대한 연구서

【변찬린의 주요 저술】

- 변찬린, 『선방연가(禪房戀歌)』, 思想界, 1972.(『선방연가(禪房戀歌)』, 문사철, 2021)
- 변찬린, 『선(禪), 그 밭에서 주은 이삭들』, 가나안 出版社, 1988.
- 변찬린, 『聖經의 原理』, 文岩社, 1979(『성경의 원리 上』, 한국신학연구소, 2019)
- 변찬린, 『聖經의 原理』中 , 榮一文化社, 1980(『성경의 원리 中』, 한국신학연구소, 2019)
- 변찬린, 『聖經의 原理』下, 가나안, 1982(『성경의 원리 下』, 한국신학연구소, 2019).
- 변찬린, 『요한계시록 신해』, 홍인문화사, 1986(『요한계시록 신해』, 한국신학연구소, 2019)
- CHAN-LIN, BYUN, *Principles of the Bible*, Seoul Saechurch Bible Studies, 1995.

【변찬린의 주요 논고】

- 변찬린, 「甑山의 解寃思想」, 『甑山思想研究』1輯, 1975.
- 변찬린, 「呪文攷(太乙呪와 侍天呪)」, 『甑山思想研究』3輯, 1977.
- 변찬린, 「聖書와 易의 邂逅」, 『甑山思想研究』4輯, 1978.
- 변찬린, 「僊(仙)攷」, 『甑山思想研究』5輯, 1979.
- 변찬린, 「노스트라다무스의 豫言과 天地開闢」, 『甑山思想研究 7輯』, 1981.

【변찬린의 성경강의테이프】

- 변찬린, 《성경강의테이프》, 347개(1977-1984)

【주요 연구도서】

- 이호재, 『훈붉 변찬린(한국종교사상가)』, 문사철, 2017.
- 이호재, 『포스트종교운동: 자본신앙과 건물종교를 넘어』, 문사철, 2018.

[본문]

선(禪), 그 밭에서 주은 이삭들

훈붉 변찬린

청자빛 저무는 성인(聖人)의 하늘

바람 부는 저 허공에 보이지 않는 섬세한 거미줄이 있어

학처럼 날아가는 자유혼을 은밀히 포로한다.

제신(諸神, 여러 신)의 그물, 성인의 거미줄, 사상의 철조망에 한 번 걸리면 네 무슨 능력으로 벗어나겠느뇨?

도연(道緣, 도의 인연)따라 심전(心田, 마음밭)따라 혈맥(血脈, 혈대의 맥락)따라

예수의 그물에 걸리기도 하고

노자(老子)의 그물에 걸리기도 하고

석씨(釋氏)의 그물에 걸리기도 하고

중니(仲尼, 공자)의 그물에 걸리기도 하고

회회(回回, 마호메트)의 그물에 걸리기도 하고

맑스의 그물에 걸리기도 하여

틀에 굳어지고 모난 뭇 종파(宗派)의 성직자와 사상의 괴뢰(傀儡)들과 정치의 주구(走狗, 남의 끄나풀)들을 무수히 본다.

새날 참 자유한 지인(至人, 궁극적 인간)[8]은

유클리드 기하학의 정리(定理)모양 날줄과 씨줄로 정교하게 짜인

〈종교의 그물〉,〈사상의 거미줄〉과 〈정치의 낚시〉를 벗어나

무아유(無阿有: 절대 자유의 경지)[9]에 대붕(大鵬)이 비상하듯

---

8 지인(至人) : 영성(靈聖)의 시대에 존재하는 궁극적 인간을 가르키는 말. 저자는 지(至)는 새가 먹이를 낚아채는 순간을 포착하는 상형문자로 형상화하여 뜻새김을 함. 『장자(莊子)』, 「응제왕(應帝王)」.

9 무하유(無何有) : 무위무작(無爲無作)의 절대 자유한 경지(境地)[『장자(莊子)』, 「소요유(逍遙遊)」]

성인(聖人)의 알을 까고 온 나래로 도약하여 신령한 새 땅에 소요(逍遙)하시리.

제신(諸神)과 성인과 사상,

이 치밀한 도망(道網, 도의 그물)과 영망(靈網, 영의 그물)과 레이다 망에 걸리지 않고

판 밖에 먹줄[10] 밖에 탈출한 참사람은 도(道)의 정상으로 진화한 지인(至人)이니라.

---

10 먹줄 : 먹줄을 쳐서 낸 줄. 제4장의 4절은 '판 밖에 먹줄 밖에'라고 표기한다. 제 4장의 9절 '판 밖에 먹물 밖에'의 먹물은 '머리에 든 지식'을 벗어난 자리로 표기함으로 이 둘의 차이를 구분해서 이해하여야 함.

제 1 장
길은 옛길 날은 새날

1.

어제의 고성(古聖, 옛 성인)들 오늘은 친구라 부르자.
말씀과 경서를 죽은 교리, 사문서(死文書, 죽은 문서) 아닌 신령한 악보로 해독하여 거룩한 음악을 듣는 웃는 귀여.
지금 성인총회(聖人總會)에서 연주되는 교향악을 면벽(面壁)한 골방에서 듣는 무애(無碍)한 정신이여.
교향악이 흐르는 경천위지(經天緯地)[11] 에서 인간을 창조한 진화의 법륜(法輪)은 돌며 멈춘다.
그물과 거미줄을 해탈하여 영화(灵化)된 지인(至人)은 미래의 빈자리에 앉아서 만파식적(萬波息笛)[12] 을 분다.
오. 빛나는 성차원(聖次元)[13] 만다라(曼茶羅)[14]여.

---

11 경천위지(經天緯地) : 하늘의 날과 땅의 씨가 어우러진 우주.
12 만파식적(萬派息笛) : 세상을 조화롭게 할 수 있는 피리. 신라 문무왕이 동해의 앞섬에서 기이한 대를 얻어 젓대를 만들었는데 그 젓대를 한번 불면 적군이 물러나고 병이 낫고 가뭄에 비가 오고 바람이 평정되는 피리.『삼국유사』,「만파식적」.
13 성차원(聖次元) : 세상 나라의 차원이 아닌 하늘차원과 신령한 공간을 일컬어 성차원(聖次元), 영공간(灵空間)이라는 짝 개념으로 사용함. 예) 제5장 8절 참조. 성공간(聖空間)이란 표현도 사용함. 예) 제6장 2절.
14 만다라(曼茶羅) : 법계(法界)의 만덕(萬德)을 구비하였다는 불교용어. 이것을 무지개 빛깔로 도화(圖化)하여 관상숭배(觀想崇敬)의 대상으로 함. 요한계시록 22장 18절 이하도 이와 같음.

2.

새붉이여
〈거룩한 사기꾼〉인 성인(聖人)들과 고별하자.
정교무비한 영적 주형(灵的 鑄型)에 찍혀 세뇌당한 종교꾼들,
닫친 사상의 밀실에서 밀봉교육을 받은 당원들,
저 지적 부르조아들과 천민 프롤레타리아들의
비계낀 상통('얼굴'의 속된 말)을 보라.
고성(古聖)을 함부로 흉내내려는 외식(外飾, 겉만 보기좋게 꾸밈)
하는 분장사들.
거룩한 표정을 창조하려는 바리새적 성극(聖劇) 배우들[15].
가면을 제작하는 저 영적 건달들의 맹개질한 면상을 보라.
도깨비 영감(灵感)과 혼음(混淫)하여 탄생한 사상.
붉은 사귀(邪鬼)들과 공모하여 조작한 주의(主義).
영적 불량배들과 제신(諸神)의 사생아들이 미혹의 바람을 타고
광란하고 있다.
새붉이여
〈거룩한 사기꾼〉인 성인(聖人)들과 고별하라.
저 아는 척 뽐내는 지적 카멜레온들과 절교하라.
저 말쟁이 매약장사인 종교꾼들을 일망타진하라.

---

15 바리새적 성극(聖劇) 배우들 : 기원전 2세기 후반에 모세의 율법 등을 엄밀하고 복잡하게 엄수하던 유대교의 한 종파로서 자기 자신들만이 선별된 자로 인식하고, 형식주의와 독선에 빠져 예수를 십자가에 못박은 위선적 태도를 현대의 직업종교인에 비유함.

저 곡학아세(曲學阿世: 학문을 곡해하여 세상에 아첨하는)하는 향원(鄕原: 거짓 위선자)[16]의 무리들을 멀리하라.

---

16 향원(鄕原) : 공자가 말하기를 "향원은 도덕의 적이다."(子曰 : "鄕原, 德之賊也.") 『논어(論語)』, 「양화편(陽貨篇)」.

3.

날개 돋친 혼들이 자유로이 소요하는 영공간(灵空間, 신령한 공간)[17]에도
온갖 야바위(속임수)가 아가리를 벌리고 있다.
새붉이여
그대는 〈각(觉)을 잡아먹고 사는 영(灵)의 거미〉를 아시는고?
나비를 수집하듯
그대는 〈각(觉)의 표본을 수집하는 신(神)들의 취미〉를 아시는고?
새날 대도(大道)는 거미줄에 걸린 나비들이 모르는 그물 밖에서 새 소식을 전해 오시리.
새붉이여
그대는 산곡(山谷, 산골짜기)에 퇴수(退修: 속세를 떠나 수도하는)하여도 〈거미의 밥〉이 되지 말라.
그대는 시진(市塵, 도시)속에 가부좌하여도 〈수집된 나비〉가 되지 말라.
각(觉)의 산정(山頂), 무(無)의 바닷가에서 호연의 기를 기른 후 그곳에 심취(心醉), 집착, 은둔하지 말고 투철한 역사의식을 가지고 범인우부(凡人愚夫, 평범한 사람)의 누더기를 입고 화광동진(和光同塵)[18]하라.

---

17   각주 14 참조
18   화광동진(和光同塵): 성인이 민중과 더불어 희노애락을 같이 함. 『노자(老子)』4장.

나는 이 시대 역사의 병을 앓는 유마힐(維摩詰)[19]

아! 날개를 고이 접어두자.

대붕(大鵬)의 날개를 고히 접어두자.

참새와 뱁새 모양 함부로 도약하다 조망(鳥網, 새 그물)에 걸리지 말라.

애오라지 의태(意怠)[20] 모양 분분질질(翂翂翐翐, 새가 여유롭게 나는 모양)[21] 하자.

오! 화려한 비상(飛翔)의 날이여.

어서 오라.

---

19 유마힐(維摩詰) : 대승불교의 경전인 『유마경』의 주인공으로 보살도를 완성한 거사. 석가여래와 같은 같은 시대의 사람으로 집에 있으면서 보살의 행업을 완성하여 유마거사라고도 함. 끝에 힐(詰)자는 유마거사의 질책을 뜻함.

20 의태(意怠) : 동쪽 바다에 나는 갈매기의 여유 만만한 모습. 『장자·외편 (莊子·外篇)』, 「산목(山木)」.

21 분분질질(翂翂翐翐) : 『장자·외편 (莊子·外篇)』, 「산목(山木)」.

4.

치허(致虛; 텅 빈)[22]한 마음으로 성인(聖人)들과 재회(再會)하자.

무심(無心)한 자리에서 경서(經書)를 고쳐 읽자.

선입관념과 고집과 독단을 팽개쳐야지.

무슨 관(觀), 무슨 주의, 무슨 사상, 무슨 유파(流派), 무슨 당(黨)하고는 굿바이 해야지.

청소하고 소독하고 몽땅 쓰레기에 처넣어라.

대 지진이 일어나고 활화산이 터지고 해일이 넘치고 폭풍이 불어야 한다.

새붉이여

사고의 대혁명을 일으켜 생명을 갱신하라.

도서관을 방화(放火)하고 미친 영감(靈感)을 분살(焚殺, 불에 태워서 죽임)하라.

책갈피 속에 숨어있는 귀신들을 잡아 타살(打殺)하라.

네 영(靈)이 개벽되어 지인(至人)으로 회귀(回歸)하라.

번개여, 천둥이여,

뇌세포와 유전자와 염색체를 조사(照射)하여 신품종을 창조하자.

돌연변이하라. 영(靈)으로 영(靈)으로.

---

22 치허(致虛) : 치허극 수정독(致虛極 守靜篤)『노자(老子)』4장.

5.

길은 옛길, 날은 새날이다.
지인(至人)의 날, 영(靈)의 시대[23]가 도래하면
〈하나님 어머니〉께 새 예배드리자.
낡고 헐고 늙으신 야웨[24]신은
악마와 더불어 〈해후(邂逅)의 싸움〉을 마무리하고
저무는 서쪽,
신약(新約)의 하늘에서 장엄히 사라져 간다.
야웨신의 남근(男根)을 닮은 저 원자운(原子雲)을 보아라.
미네르바의 부엉이[25]가 나래펴는 일모(日暮: 해질 무렵),
저 찬란하고 화려한 보혈의 낙조(落照)를 보아라.
신의 부음(訃音)은 새날 〈어머니 때〉, 〈모음(母音)의 말씀〉을 예고한다.
상이실존(傷痍實存)이여. 염염(炎炎, 뜨겁게 활활)[26]하게 불타올라라.
중도(中道)의 옛 바람, 신풍(新風)은 불어오고
고요한 아침나라 동방은 밝아온다.

---

23 저자는 지구 역사년대를 '선사시대', '역사시대', '영(靈)의 시대'로 구분을 함. 제8장 2절 참조

24 야웨 : 구약성서의 이스라엘 민족신으로 질투의 신, 두려운 신, 복수의 신, 군신의 속성을 가진 신적 존재.

25 미네르바의 부엉이 : 미네르바는 로마신화에 나오는 지혜의 여신. 미네르바의 부엉이는 독일의 철학자 헤겔의 저서 『법철학』의 '미네르바의 부엉이는 황혼이 짙어지자 날기 시작한다.'에서 온 말.

26 염염(炎炎) - 염(炎)은 염(淡)과 같다. 대언염염 소언첨첨(大言炎炎 小言詹詹). 『장자(莊子)』, 「제물론(齊物論)」.

무(無)의 하늘이 열린 곳. 거룩한 〈안식(安息)의 지성소(至聖所)〉를 향하여
날개 돋친 자아(自我)들은 새 예배 드리자.
명징(明澄)한 영혼마다 그 핵(核)에 성령(聖灵)의 불꽃이 타오르리.
오! 신령한 배화(拜火, 성령의 불꽃)여.

6.

신령한 쇠도리깨[27]로〈이성의 가라지〉를 타작하여
성령의 바람으로 키질할 때가 불시에 온다.
참 대지자(大知者)는 〈심정의 이성〉으로 합장하소서.
죽음의 돌개바람(회오리바람) 불고 난 뒤 부활의 마파람(남쪽바람) 불어오시리.
성인(聖人)의 뼈를 읇어먹는 종교의 어중이와 정치의 떠중이들이 파리 떼처럼 붕붕거리는 광장.
꽃 상여와 가장행렬은 사해(死海)로 흘러간다.
홀연히 번갯불이 낙뢰(落雷)할 때
선악나무에 오른 〈이성의 원숭이〉들은 곤두박질하시리.
〈문어대가리 지성〉들은 낙담하고
〈똥 만드는 기계〉들은 기절하고
〈삯군[28] 성직승(聖職僧)〉은 미치고
〈협잡군 정상배(政商輩, 권력과 결탁해 사욕을 채우는 무리)〉는 벼락맞고
〈악(惡)의 종자(種子)〉들은 소리없이 사라지리라.
이 때가 어느 때인가?
성성(惺惺)[29]하여 제 자성(自性)을 보는 자는 역사의 의미도 함께

---

27   쇠도리깨 : 쇠로된 곡식의 낟알을 떠는 기구.
28   삯군 : 요한복음 10장 11절에서 15절을 참고할 것.
29   성성(惺惺) : 성(惺)은 마음의 별(心星). 마음에 새벽 별이 뜨듯 밝게 깨달음.

꿰뚫어 볼 줄 알아야 이 시대의 산 아들이다
새붉이여
네 믿음이 너를 정죄하게 하지 말며 네 주가 너를 모른다 부인말게 하라.
영원한 대도(大道)가 도전해 오는 데 네 어이 응답하겠느뇨?

7.

깊이 뚫어보는 견자(見者)는 고성(古聖)들이 한머리로 화(化)하여 대도(大道)의 법륜에 앉아 연꽃비를 뿌리면서 회귀하고 있음을 깨달으리라.

지난날 도연(道緣)에 따라 혹 이 길을 가며 혹 저 길을 갔나니
때가 차매 〈세계심전(世界心田, 인류의 마음밭)의 형제〉들은 한마음으로 합창한다.

그러므로 시중(時中)의 기미를 살핌없이 성인(聖人)의 형해(形骸)를 붙잡고 경서(經書)의 장구(章句)를 고집하고 자파(自派)의 교리를 선전하는 석두(石頭, 굳어진 머리)들은 새날의 향연에 초대받지 못한 사이(四夷, 도의 오랑캐)니라.

성인(聖人)이 있다고 믿는 자리에 성인(聖人)은 부재하고 영원으로 기화(氣化)한 거룩한 숨결들은 바람처럼 오시리.

한 잎 지는 오동잎 몸짓.
내 영(灵)의 시대의 초대장을 받고 순결한 예복을 준비하노니.

8.

희미한 옛길이여.

지천으로 떨어지는 낙엽을 밟으면서 이끼 낀 숲을 헤매는 고단한 나그네여.

숲속, 옛길 찾는 우리의 마음이 새로워져야 한다.

성인(聖人)을 버리려 함이 아니고 낡은 귀신에 얽매인 네 마음을 풀어 놓아

가없는 바다에 연꽃으로 피라.

굳어지고 비뚤어진 빈탕이여. 헛개비여.

평토장(平土葬, 봉분없는 평평한 매장)한 네 무덤 속에서 네 스스로 깨달아 부활하는 날.

동방(東方)에 곱게 솟는 새날의 일륜(日輪, 태양)을 보리.

예 그린 대도(大道)가 우리 앞에 있거늘

어찌 죽은 성인(聖人)의 남근(男根)을 발기시켜 외도(外道)로서 씨알을 짜믹고 기만하려 하느뇨.

더러운 권력의 개들이여.

황무지(荒蕪地)에 앉은 여우들이여[30],

촉씨(觸氏)와 만씨(蠻氏)[31] 의 괴뢰들이여.

---

30 황무지(荒蕪地)에 앉은 여우 : 거짓 선자자를 말함. 에스겔서 13장 4절.
31 촉씨(觸氏)와 만씨(蠻氏) : 좁은 세상의 하찮은 다툼을 와각지쟁(蝸角之爭)이라 함. 달팽이 왼쪽 뿔에 사는 촉씨(觸氏)와 오른쪽 뿔에 사는 만씨(蠻氏) 두 부족이 영토 다툼을 벌이다가 큰 희생을 치렀다는 우화.『장자·외편 (莊子·外篇)』,「칙양(則陽)」.

9.

뼈살이 다 썩은 고성(古聖)들은
이 심연에 말씀의 메아리만 남겨놓고
저 하늘 빛나는 보좌에 앉아 찬미와 영광, 분향과 기도, 존귀와 부요를 받으시던 때가 있었다.
성개성(聖個性)이 다른 옛님들은 정신의 화산시대[32]에 산 불꽃으로 오셔서
믿음의 청산맥(靑山脈)을 이룩하시고
마음의 황무지를 갈아 심전(心田)을 개발하시고
그 밭에 씨를 뿌린 〈뜻의 아들들〉이었다.
고성(古聖)들은 그 타고난 시운(時運)을 따라 보내심을 받은 농부였다.
피와 촉루(髑髏, 해골)의 터 밭에서 익은 알곡이여.
예수가 뉘며, 노자가 뉘뇨?
공자가 뉘며 구담(瞿曇, 석가모니)이 뉘뇨?
조로아스터가 뉘며, 마호메트가 뉘뇨?
간간(間間, 하찮은)한 소지(小知)[33]로 시비하지 말고 첨첨(詹詹, 자

---

32 정신의 화산시대 : 독일의 실존주의 철학자이자 정신병리학자인 칼 야스퍼스가 1949년에 펴낸 『역사의 기원과 목표』에서 기원전 800년경부터 기원전 200년경까지 인류의 정신적 유산인 철학과 세계종교를 탄생시킨 위인이 태어난 시기를 일컫는 말. '축의 시대(Axial Era)'라고도 함.
33 간간(間間) : 사소한 논쟁, "큰 지혜는 툭 터져 시원스럽고, 작은 앎은 사소하게 따진다.(大知閑閑 小知間間)". 『장자(莊子)』, 「제물편(齊物篇)」.

질구레한)한 소언(小言)[34]으로 각쟁(角爭, 하찮은 싸움)하지 말라.
한결같이 아버지의 남근으로 오셔서 영(灵)의 시대를 예비하신 〈뜻의 동기(同氣)〉가 아니뇨.
새붉이여.
그대 초월적 무지로 겸손하라.
그대 해탈적 무심으로 천진하라.

---

34 첨첨(詹詹)한 자질구레한 말을 의미. "큰 말씀은 기세가 대단해도, 잡다란 말은 수다스럽기만 하다.(大言炎炎 小言詹詹)."『장자(莊子)』,「제물편(齊物篇)」.

10.

몽매하고 야만한 터 밭에 씨 뿌리고
탈을 바꿔 쓰기 오랜 세월.
몇 포기 알곡을 가꾸시던 피땀이여.
농자지천하지대본(農者天下之大本)[35]이라 홀로 심고(心告, 마음에 알림)하며
오직 〈사람 농사〉에 지성(至誠)을 모두어
때 따라 우로를 내리시던 자비하신 님이여.
사람이 없는 때
사람의 탈을 쓰고 오셔서
완성에로 정진하던 성인(聖人)의 피어린 심정에서
잎 돋고 꽃 피고 열매 맺은 우리들.
신령한 하룻날.
낡은 하늘이 무너져 내리는 큰 천둥에 놀라
홀연히 변화 받은 지인(至人)이 되리.

---

35 농자지천하지대본(農者天下之大本) : 저자는 농부가 농사를 짓는다는 의미를 은유하여 '하나님'은 사람농사하는 것을 천하의 근본으로 삼는다'는 도(道)의 언어로 새김. 제6장 7절을 참고할 것. 변찬린, 『성경의 원리 上』, 한국신학연구소, 2019, 418.

11.

종교의 주형에 찍히고, 교조(教條)의 성에 유폐 당하고 관념의 노예로 전락되고, 변증(辨證)의 약장사로 장광설(長広舌, 쓸데없는 긴 말)하면 그 혼은 죽은 반석이 되어 모세의 지팡이로 때려도 생수(生水)를 낼 수 없다.[36]

새붉이여

그대는 날개 돋친 비존(飛存)임을 자각하라.

한 종교의 죄인, 한 사상의 괴뢰가 되지 말라.

한 성인(聖人)의 고제(高弟, 뛰어난 제자), 한 주의의 주구가 되지 말라.

한 당의 대변자, 한 이념의 기수가 되지 말라.

새 시대의 당당한 아들은 대식견(大識見)의 날개로 비상하며 지혜와 도(道)의 산맥(山脈)을 조감(鳥瞰)하고 지인(至人)의 도량으로 망망한 해원(海原, 바다)에 앉아서 장엄하게 솟아오르는 우신(又新, 더욱 새로워진)한 일륜(日輪)을 본다.

대도(大道)는 대인(大人)의 길.

소지(小知)와 소성(小成)과 소년(小年)과 소인배(小人輩)들은 새날의 잔치에 참여할 수 없다. 위조한 초대장을 들고 참여한다 하여도 대언(大言)을 알아듣지 못하여 스스로 물러가리라.

---

36   모세의 지팡이 : 모세가 광야에서 므리바 반석을 쳐서 생수를 낸 사건. 출애굽기 17장 6절, 민수기 20장 10절-12절를 참고할 것. 자세한 해석은 변찬린, 『성경의 원리 中』, 한국신학연구소, 2019, 296-300.를 참고할 것.

새붉이여

내 군더더기 말로 다시 이르노라.

한 우물 안의 개구리, 한 계절의 쓰르라미가 되지 말라

아침의 솟는 버섯, 여름밤에 죽은 하루살이가 되지 말라.

썩은 웅덩이의 미꾸라지는 북해(北海)에 잠긴 곤(鯤)[37]의 꿈을 모르고

연못 속의 이무기는 대해(大海)에 숨은 잠룡(潛龍)의 뜻을 모른다.

지난날 너와 나도 쑥대 무성한 폐원(廢園)에 앉아 나래친 소조(小鳥)였구나.

허나 이제는 역사의 성인(成人).

성인(聖人)의 알을 깨고 대곤륜(大崑崙)을 덮을 대붕이 되어

저 가없는 우주를 소요하잣구나.

---

37 곤(鯤) : 『장자(莊子)』, 「소요유(逍遙遊)」

12.

예수도 측간(厠間)에 웅크리고 앉아 구린 똥을 누었다.
공자도 지어미와 방사(房事)하여 범부 리(鯉)를 낳았다.
세존(世尊)도 밥을 얻어 자시고 신음하시다 열반했다.
노자(老子)도 무명(無名)의 보배로움을 잠시 잊으시고 오천 마디의 흔적을 남겼다.
우리와 무엇이 다르랴?
새붉이여
성인(聖人)을 도금(鍍金)하고 미화(美化)하고 변형시킨 저 종교의 내시들을 매도(罵倒, 심하게 나무람)하라.
성인(聖人)의 이름을 팔아 치부한 저 종파의 간상(奸商, 간사한 장사꾼)들을 타도하라.
새붉이여
성직자 당국이 전매하는 약품과 상품과 요리를 철저히 단속하라.
아편 밀매와 부정 식품과 위조품 제조가 그들의 업(業)이다.
그들은 쟁이며, 꾼이며, 풍들이다.
꾼들의 가위질에 박(樸, 참인간)[38]의 원형(原形)은 간 곳조차 없다.
쟁이들의 바치질에 성인(聖人)의 원상(原像)은 찾을 길이 없다.
새붉이여
하늘 신임장을 위조한 출판업자를 색출하자.
하나님의 인감을 도용(盜用)한 도장쟁이를 검거하자.

---

38 박(樸) : 『노자(老子)』 32장

13.

내 상놈의 입담으로 심심파적(심심풀이) 한마디 음담이나 할거나.
노자의 좆부리는 수로부인[39]이 타신 거북이 머리같고,
석씨의 좆부리는 선덕여왕이 타신 흰말의 마음장(馬陰藏)[40]같고,
중니(공자)의 좆부리는 황진이가 탄 검은 소의 신(腎)같고,
예수의 좆부리는 나병을 앓는 이 나라 늙은 갈보의 질(膣)속에 박힌 열쇠 같구먼.
저마다 빈문(牝門)[41]을 향해 힘차게 사정(射精)해 보렴.
자운(紫雲) 흘러간 옛 가람 따라 하늘이 잉태했던 영원한 고성(古聖)들이여.
지금은 저 하늘 무운(巫雲)속에 누워 무엇을 하실까?
하늘 지성소(至聖所)의 비밀이사 뉘 알기나 하실까?
멍텅구리 종파(宗派)의 조무래기 들이야 알기나 하실까?
천진한 고성(古聖)들이 좆부리 흔들면서 더덩실 춤을 추시는
저 무천(巫天)속 비밀이사 뉘 알기나 하실까?
허무의 심연, 음녀의 자궁은 오입장이 남근을 빨아먹고 식상(食傷)해 자빠진 낡은 시대여.

---

39 수로부인(水路夫人) : 8세기 초의 향가인 <헌화가(獻花歌)>와 <해가(海歌)>의 주인공. 『삼국유사(三國遺事)』「수로부인 조」. 수로부인과 선덕여왕은 한국 도녀(道女)의 상징적인 여성으로 자주 등장함. 이 책의 제7장 6절과 「선방연가(禪房戀歌)」, 「선방연가(禪房戀歌) 1」등을 참고할 것.

40 마음장(馬陰藏) : 붓다의 남근(男根)을 말(馬)의 그것에 비유. 『법망경(法網經)』

41 빈문(牝門) : 그윽한 도의 신령한 힘이 나오는 문. 곡신불사 시위현빈(谷神不死 是謂玄牝). 『노자(老子)』제6장.

이맘때면 지인(至人)의 좆부리가 계시됨직도 헌데 저 원자운(原子雲)은 뉘의 남근을 닮아 버섯 모양인가?
버섯구름 개인 날 열릴 무천(巫天),
그곳에서 지금 고성(古聖)들은 벌거벗고 춤추며 가볍게 음담(淫談)을 즐기고 있다네.
꾼들이여. 쟁이들이여.
내 말이 거짓말인가 전화를 걸어보렴.
그대 〈성인(聖人)의 총회〉가 열리는 하늘나라의 주소와 전화번호를 아시는가?
허허허.

제 2 장
영생의 마당에 춤추어라

1.

흐르는 물 위에 앉아
네 심기(心器)에 가득히 고인 먹물[42]을 토할 수 있겠는가?
고요한 판밖에 서서
틀에 굳어지고 모난 네 심기(心氣)를 꼴 없이 해체할 수 있겠는가?
허(虛)하기를 지극히 한 가이 없는 마음이여.
흐르는 추수(秋水) 위, 조촐하게 바래진 내 얼굴이 비칠 때
무(無)를 향해 열린
시월 상달 영청(影靑)[43] 시린 장공(長空)에
서늘한 청풍(淸風)이 소소리 불 때
내 마음 신운(神韻) 가득한 음악이 고여
비로소 새날의 성상(聖像)인 대도(大道)를 깨닫는다.
흐르는 물 위, 성인(聖人)도 그 이름을 새길 수 없으니
바이 각명(刻名)할 수 없기에
그 자리에서 무명(無名)한 상도(常道)를 꿰네라.

---

42 먹물 : 먹물은 '머리에 든 지식'을 벗어난 자리를 의미하는 전라도 말. 각주 10참고.
43 영청(影靑) : 희다 못해 눈이 시리도록 연푸른

2.

붓을 꺾자.

저서를 불사르자.

이름없이 흔적없이 돌아가자.

설교하고 훈계하고 강론하면 대죄(大罪)를 지으리.

내 교훈이 거미줄이 되고,

내 사상이 그물이 되고,

내 학설이 귀신이 되고

내 시가 올무가 되면

아. 어찌하랴. 어찌하리. 어찌하리.

뒤에서 빛나는 후생(後生)[44]들이 오고 있는데

새붉이여

그대는 빛나는 후생들을 포로하고 세뇌하고 밀봉 교육을 하지 말아다오.

그대는 위대한 후생들을 주조(鑄造)하고 개량하고 사기하지 말아다오.

저 비소(卑小, 보잘 것 없는)해진 현대광야의 천민(賤民)들을 보아라.

선인(先人)들이 짜놓은 사상의 거미줄에 걸려 괴뢰가 되었고 소인들이 파놓은 함정에 빠져 속물(俗物)들이 된 현대인의 몰골들을 보아라.

---

44 후생(後生) : 뒤에 난 사람이 가히 두려워할 만하다. "후생가외(後生可畏)". 『논어(論語)』, 「자한(子罕)」.

투망질하며 주살질하며 낚시질하는 밀렵꾼들이 그 누구인가?

출판기념회를 즐기는 너절한 자칭 천재들.

수필집을 양산해 내면서 일류철학자로 착각하는 영적 건달들과 깡패들.

아! 허명(虛名)아, 더러운 귀신아.

네가 이 시대의 지성들을 망쳤구나.

3.

천하는 책 사태(沙汰)에 묻혀 망해 가는구나.

지혜를 잃은 지식 때문에 어두워 가는구나.

새붉이여

그대는 지식을 매매하는 정신적 소인들을 멀리하라.

저들의 저서는 피로 쓰지 않은 위서(僞書)들이다.

피로 쓰지 않고 정액(精液)으로 쓴 악서(惡書)이다.

고요히 자성(自省)하라.

네 심령 속에 몇 놈의 귀신이 침입하여 지령(指令)하는가?

사상은 악령(惡靈), 악령은 바람이다.

바람이 분다. 바람이 난다. 죽음의 서풍(西風)이다.

미혹에 바람불어 바람난 씨알들.

우수수 낙엽이 진다. 낙엽혼(落葉魂)이 뒹군다.

미혹당한 얼간이들이 난무하는 이 세대.

광란이다. 주정(酒酊)이다. 가면의 행렬이다. 죽음의 축제다.

새붉이여

그대 무엇을 할 것인가?

분서(焚書)로 마음을 비우고 내면에서 귀신을 잡아라.

앎의 시름을 잃고 허정(虛靜)으로 돌아가 자성(自性)을 찾으라.

책을 읽은 후 그것을 어떻게 잊어먹는가를 깨달으면 그대는 비로소 대도(大道)에 입문(入門)했네라.

4.

병든 내 우수는 번거로운 앎에서 싹 텄고
회색 내 불안은 그 앎의 허망에서 비롯했다.
납골당 같은 서재여 철인들의 초상이여.
묵은 귀신들로 꽉 찬 고전(古典)과 바람난 신간(新刊)들.
한 실에 염주꿰듯 하여도 그 앎이 나를 구원하지 못하리.
참 배울 줄 아는 자는 버릴 줄 아는 자이다.
저 서슬이 푸르던 야웨신의 지적 사도인 바울의 아류(亞流)들인 위기신학자들과 실존철학의 재주꾼들과 칼 맑스의 똥을 주워먹는 붉은 광인(狂人)들도 성서암호(聖書暗號)를 해독하려다가 산적한 책갈피에 묻혀 압사당했다.
나는 하찮은 앎의 포로가 되어 참 마음을 상실했고 허무감과 밀통하여 부조리를 반추(反芻)하는 창녀인가?
나는 빈 탕 껍데기, 조간을 기다리는 신문환자, 브라운관의 교인, 매약광고의 포로, 조루증에 걸린 무력한 지성인.
새붉이여
병든 앎을 분살하자. 악령을 분서(焚書)하자.
참 무지가 베푸는 정신 위생을 배워 야성의 건강을 회복하자.
지(知)의 문으로 들어가 소지(小知)를 더하다가 마음을 잃었으니
무지(無知)에 입문하여 소지(小知)를 털어 버리고 참 마음을 찾자.
고매(高邁)한 문자향(文字香)을 제단(祭壇) 숯불에 사루면

풍악(楓岳)에 감도는 신령한 남기(嵐氣)⁴⁵ 모양
영성(灵性)이 빛나는 초탈한 구학기(丘壑氣)⁴⁶여.

---

45 남기(嵐氣) : 저녁 나절에 멀리 산 같은데 떠 오르는 푸르스름한 흐릿한 기운.
46 구학기(丘壑氣) : 깊은 골짜기의 기운.

5.

책에 포로되어 서재라는 이름의 감옥 속에 갇힌 기결수
죽음과 계약을 맺은 자들에게 새 소식은 없다.
뇌리에 붙은 죽음의 꼬리표는 떨어지지 않은 채
문득 사신(死神)이 창가에 나타나 너를 비웃으리.
이성의 짐승들이여.
산적한 도서관의 책더미가 혼을 생매장하는 무덤이 되리.
새 소식은 오고, 새 생명의 기파(氣波)는 물결쳐 오고
참 하나님의 말씀은 도전해 오건만 절망의 병을 앓고 있는 자들이 어찌 새날의 복음을 들으리까?
쇠귀에 경 읽기, 말귀에 동풍(東風)입네다.
새붐이여
구름의 암상인(闇商人)들이 새 소식을 가로채고 위각자(僞覺者, 깨우친 척 하는 자)들에게, 거짓 선지자들에게, 적 그리스도에게, 영적 밀수품을 암 시세로 팔고 있다.
영적 환각제를 먹은 구도자들이 착각에 사로잡혀 있다.
종교꾼들의 착각을 훼파하자.
과학적 미신을 타파하자.
새붐이여
해탈과 자유가 있는 곳. 신령한 성차원(聖次元)에 춤추어라
지혜와 자율이 있는 곳. 신비한 영공간(灵空間)에 춤추어라.
의식을 농축하라. 사고를 점화(点火)하라. 각(覺)을 분사(噴射)하라.

죽음의 인력(引力)을 벗어나 영생의 마당에 춤추어라
허무의 권(圈)을 뛰어넘어 하나님 권(圈)에 춤추어라.

6.

오라. 날개 돋힌 자아들이여,
여기 가 없는 원탁에 모여 대화하자.
성인(聖人)의 총회가 열리고 있는 비색(祕色)의 하늘
무천(巫天)속 새 기별에 귀 기우려 화동(和同)하자.
금(金)과 은(銀)의 종소리 옴(唵)[47]이여.
허통 빈 골 안에 가득히 울리는 메아리.
오! 실내악 사중주여
복음(福音)이여. 불음(佛音)이여. 원음(圓音)이여. 묘음(妙音)이여.
새붊이여
성인(聖人)들이 작곡한 신령한 악보를 연주하자.
장엄한 우주적 교향악을 지휘하는 하나님의 손길을 보라.
빈 마음으로 오너라.
무슨 주의, 무슨 학설, 무슨 교리, 무슨 사상을 떠벌리는 병신들은 음악회에 오지 말아라. 자유 없는 종과 삯군도 오지 말아라.
장(場)과 차원(次元)이 다르니라.
밭과 종자(種子)가 다르니라.

47　옴(唵) : 불교의 가장 신성하고 위대한 진언의 음절.

7.

빈 공심(空心) 누가 훔쳐 갈까?
찬 광심(光心) 누가 엿볼까?
무심(無心)하면 사귀(邪鬼, 거짓 귀신)가 침노하지 못하고
무지(無知)하면 지마(知魔, 앎의 마귀)가 도전하지 못한다.
천 가지 유위(有爲)한 뜻을 잊으니 천 가지 도깨비가 사라진다.
만 권의 책을 태우니 만 가지 귀신이 도망간다.
건곤(乾坤)밖에 독보(獨步)하다 광장으로 돌아와 씨알과 혁명(革命)한다.
천외천(天外天, 하늘바깥의 하늘)을 소요하다 역사의 가운데로 돌아와 현실에 참여한다.
무량(無量)히 가비얍게 춤을 추자.
구름 오는 곳에서 왔다가
구름 가는 곳으로 증발한 날에
고요의 바다에 구름배 닿으리.
바람 부는 곳에서 왔다가
바람 부는 곳으로 해체된 날에
고요의 산에 바람 날개 접으리.

8.

오. 천진한 적자(赤子)[48]여.

새 말씀과 새 글을 사무사(思無邪, 사특한 마음이 없는)[49]한 심정으로 배우자.

소리 없는 말, 꼴 없는 글을 무심(無心)히 배워

햇병아리의 순수. 적자(赤子)의 천진에 이르자.

옛 반석과 생수(生水)에 새겨진 적요(寂寥, 적적하고 쓸쓸한)한 불립문자(不立文字)여.

무너진 바벨탑의 돌무덤을 파헤쳐

그 머릿돌에 비각(祕刻)한 고문을 판독하는 지혜가 있어도 새날의 영문자(靈文字, 신령스러운 문자)는 해독할 수 없으리.

내 면벽(面壁)한 곳.

거룩한 흰 손이 나타나

마음의 글을 삼는 신이(神異)한 날에

육비(肉碑: 마음판)에 양각(陽刻)한 온갖 번거로운 성인(聖人)의 전자(篆字)와 초서(草書)는 소리없이 마멸되였노라.

붉게 단풍든 육신에 월인(月印)이 아롱거리고

새털 가비야운 마음에 보혈의 낙관(落款)이 찍혔네라.

---

48 적자(赤子) : "큰 사람이란 갓난아이 때의 마음을 잃지 않는 사람이다. "대인자부실기적자지심자야(大人者,不失其赤子之心者也)".『맹자(孟子)』,「이루하(離婁下)」.; 마태복음에서 천국을 어린 아이에 비유하는 성구(마태복음 18:3, 18:4. 19:14)를 참고할 것.

49 사무사(思無邪) : 공자가 시경의 삼백수의 시를 한마디로 '사특함이 없는 생각'이라고 한 데서 유래. '자왈(子曰) 시삼백(詩三百) 일언이폐지왈(一言以蔽之曰) 사무사(思無邪)'『논어(論語)』,「위정편(爲政篇)」.

9.

적자(赤子)는 엄마 품에 안겨 젖을 빨며 말을 배운다.
아들은 아버지의 슬하에서 가르침을 받아 도(道)를 배운다.
말과 도(道)를 배운 역사의 성인(成人)이면 곧 성인(誠人)이니
이 성인(聖人)은 하찮은 앎을 버리고 배움에서 해탈하여 참 도를 얻어 영적 지인(灵的 至人)이 된다.
이것이 도(道)를 찾아 인간이 진화해 온 종교사의 비의(祕義)다.
므로, 위학일익(爲學日益)[50]할 때 하나님을 아버지라 부른다.
원시 모계의 피밭에서 자연종교와 여신(女神)의 숲속에서, 정령과 다신(多神)들이 하강하던 뫼 뿌리에서, 희뿌연 안개 속에서 인간의 의식이 눈뜨며 그 자각(自覺)이 고양되며 비상한 이래, 우리는 아버지 신의 계명과 율법 아래서 얼마나 피나는 구도를 하였던가? 역사의 흐름따라 온갖 유형의 사상과 주의를 양산(量産)해 냈던가?
허나 깊이 깨닫고 보면 일익(日益)한 모든 열매는 신악과(善惡果)였다.
새붉이여
이제는 위도일손(爲道日損)[51]하자.
가인(假人, 인간탈을 쓴 가짜 인간)들이 사색해낸 모든 유형의 사상과 주의가 무화(無化)되는 날 영(灵)의 시대가 개명되리.

50　위학일익(爲學日益) : 배울 때는 나날이 지식을 쌓는다. 『노자(老子)』 48장.
51　위도일손(爲道日損) : 도를 닦을 때는 나날이 덜어낸다. 『노자(老子)』 48장.

예수가 말했던가?

일손(日損)한 적자(赤子)가 아니면 하나님 나라에 갈 수 없다고….[52]

새 장(場)이 열릴 때 〈지인(至人)의 씨〉가 아니면 〈앎의 대보(大宝, 큰 보배)〉를 어찌 가볍게 버릴 수 있으랴?

소인은 〈앎의 대보(大宝)〉를 움켜쥔 채 심판을 받으리라.

---

52 마태복음 5장 3절.

10.

다방과 주점에서 헤프게 떠들며 눅거리(내용이 하찮은) 고독을 팔아먹는 저 지적(知的) 카멜레온과 곡사(曲士, 마음이 바르지 못한 사람)들의 고독아닌 〈원(圓) 마당〉, 〈각(覺) 자리〉, 〈핵(核) 고독〉, 〈내(內) 마음〉, 〈무(無) 고요〉에 앉아 내 또렷이 나타나는 신령한 얼굴을 본다.
실존의 참 고독은
그 깊은 내오(內奧)에서 청정(淸淨)한 은향(隱香) 내음이 나느니라.
물빛 라일락 향도 아닌
불타는 꽁피땅스(Confidence, 장미의 일종)의 향도 아닌
온고지신(溫故知新)한 문자향(文字香)도 아닌
신비한 모성의 체취가 나를 즐겁게 하도다.
우담발라의 영향(靈香) 모양 신령한 이 향기는
거룩한 숙녀의 영적 살 내음인가?
지금 내 심령의 체취는
상(傷)한 계수나무의 향기오이다.

11.

내 골수에서 피의 정유(精油)를 짜내면 몇 방울쯤 될까?
고뇌의 암(癌)을 앓는 해골바가지.
촉루(髑髏)깎고 갉아 골필(骨筆, 뼈로 만든 붓)을 만들어
한알 한알 피의 정유를 찍어
어린 양피 두루마리에 유서를 쓰면 몇 자 쯤 될까?
삼백예순다섯자(「삼일신고」를 비유)가 아니면 한 오천 마디(『노자』를 비유) 쯤 될까?
혈각(血刻: 피로 새긴)한 핏 글마다 산 영이 되어
천둥이 되라. 번갯불이 되라. 허나 무명(無名)이 보배인 것을…
책 많고 허명(虛名)많아 거짓투성이 난세(亂世).
쟁이와 꾼들과 풍들이 개판을 치는 세상.
머저리 같은 나까지 이름을 남겨놓고 가면
내 뒤에 오실 후생들을 거미줄 쳐 잡아먹는 대죄를 지으리.
모진 가슴앓이 긴 고독
공동(空洞) 뚫린 허파에 하늘이 열려[53]
고뇌로 깎은 골필을 들어 아린 핏글 몇자 적어 보지만
내 거룩한 불에 분고(焚稿)하고 흔적 없이 사라지리라.

---

53 저자는 그리스도교 신종교 계통의 사주에 의해 발생한 종교 테러(?)인 '양잿물 사건' 이후 위에 연결한 주입구로 이유식을 넣어 목숨을 연명하는 상황에서 구도의 여생을 보낸다. 이를 시적으로 표현한 것임. 이호재, 『혼붉 변찬린(한국종교사상가)』, 2017, 문사철, 80-88.

12.

네모 줄 친 종잇장 위에
붓이 아로새기는 글의 행렬.
산 영(靈)이 종잇장 위에 죽습니다
먹물 피를 토하며 죽습내다.
바람 불면 날아가고
아희들 손에 찢기우고
뇌동자('노동자'의 사투리)는 담배 말고
노망네는 코 품내다.
차라리 향로 속에 태웁내다.
하이얀 내 글 피어오르고
우흐로 우흐로 사라지는데
내 영(靈)은 보이지 않습내다.
나의 할레루야시여.
한 자루 붓까지도 심령의 사치였으며
애오라지 무심(無心)만을 가슴 속에 지녔난데
이것이 시(詩)가 아닙니까?

제 3 장
성인교향악단(聖人交響樂團)의 창립공연

1.

촉루와 백골로 다져진 전역사(全歷史) 위에 정좌(靜坐)한다.

역사의 지층에 반짝이는 보배로운 화석(化石)과 유산이여

네안델탈인과 북경인과 크레마뇽인의 화석이여

아담과 요순과 단군의 숨결이여.

아슈바고오샤(馬鳴)[54]와 나아가라수나(龍樹)[55]와 원효(元曉)의 믿음이여

장주(莊周, 장자)와 한산(寒山)[56] 과 도연명[57]의 노래여

백결과 처용과 온달의 멋이여

세종과 율곡과 충무공의 맥박이여

스피노자와 칸트와 쇼펜하우어의 고독이여.

니체와 키엘케골과 하이데거의 실존이여

베르그송과 캇실러[58]와 파스칼의 사색이여

프로이드와 맑스와 마르쿠제[59]의 철학이여

---

54 아슈바고오샤(Aśvaghoṣa, 馬鳴, 100년(?) ~ 160(?)) : 고대 인도의 불교시인이자 초기 대승불교학자. 『대승기신론』의 저자로 추정.

55 나가르주나(Nāgārjuna, 龍樹, (150년(?) ~ 250년(?)) : 대승불교학자, 『중론』, 『대지도론』.

56 한산(寒山) : 당(唐)의 시인(詩人), 문수보살(文殊菩薩)의 화신(化身)이라 함. 보현보살의 화신이라는 습득(拾得)과 더불어 미치광스럽게 홀로 웃고 즐기다가 암혈(岩穴) 속에 자취를 감추었다는 도인(道人)

57 도연명(陶淵明, 365~427) : 중국 동진의 시인. <귀거래사>, <오류선생전>, <도화원기> .

58 에른스트 카시러(Ernst Cassir 1874-1945) : 마르부르크 신칸트학파. 『상징 형식의 철학』.

59 헤르베르트 마르쿠제(Herbert Marcuse, 1898-1979) : 독일출생의 미국철학자. 프랑크푸르트 학파의 사회철학자. 『일차원적 인간』, 『이성과 혁명』.

블르흐[60]와 샤르댕[61]과 제랄드 허드[62]의 미래여

히포클라데스[63]와 장중경[64](張仲景)과 이제마[65](李濟馬)의 인술(仁術)이여

코페르닉스와 뉴톤과 아인쉬타인의 수학이여.

타골과 간디와 라다크리슈난[66]의 범아(梵我)여

이차돈과 최해월(崔海月)[67]과 김대건의 피여.

본 헤퍼[68]와 슈바이쳐와 요한 23세의 기도여

단테와 섹스피어와 괴테의 시여

촉루(髑髏)의 산, 이성의 봉우리, 심정의 유곡(幽谷), 지성의 숲길, 의지의 바위, 배덕(背德)의 습지(濕地), 비하(卑下)의 유수(流水), 대도(大道)의 바다, 피안을 노래하는 청조(靑鳥)여.

---

60 에른스트 블로흐(Ernst Bloch, 1885 - 1977) : 독일 철학자이다. 희망의 신학자 몰트만에게 큰 영향을 줌. 『희망의 원리』.
61 피에르 테야르 드 샤르댕 (Pierre Teilhard de Chardin, 1881 - 1955) : 프랑스의 예수회 수도사 출신의 가톨릭 신부, 고생물학자. 『인간의 현상』.
62 제럴드 허드(Gerald Heard, 1889-1971) : 영국의 과학 저술가, 철학자.
63 히포크라테스(Hippocrates, B.C. 460(?) ~ B.C. 377(?) : 서양 의학의 선구자. 『히포크라테스전집』.
64 장중경(張仲景, ? - ?) : 중국 후한의 의사(醫師)(?~?). 『상한론』.
65 이제마(李濟馬, 1838~1900) : 조선후기 한의학자로 사상의학 창시자. 『동의수세보원(東醫壽世保元)』.
66 사르베팔리 라다크리슈난(Sarvepalli Radhakrishnan, 1888~1975) : 인도 철학자, 독립운동가. 『인도철학사』.
67 최해월(崔海月, 1827~1898) : 동학 2대 교주인 최시월.
68 디트리히 본회퍼(Dietrich Bonhoeffer, 1906 -1945) : 독일 루터교회 목사이자, 신학자이며, 반 나치운동가. 『옥중서신』.

그 위에 찬란한 태양은 빛나고 신비한 달이 솟는 천지 사이에서 고인(古人)들의 은밀한 속삭임과 엄숙한 유언을 듣는다.

잠시 후 러셀과 토인비와 바르트[69]와 싸르트르와 틸리히[70]와 함석헌[71]도 촉루의 산(山)으로 돌아가 화석으로 묻히고 명징(明澄)한 혼(魂)들은 대지의 비옥한 거름이 되고 그 정신은 조졸이 증발하여 운행우시(雲行雨施)[72]하리라.

아. 비수(悲愁)의 가을은 저물어 가는가.

야웨신이 객혈한 저 찬란한 신약의 일모(日暮)아래

낡은 시대의 막(幕)은 박쥐의 나래처럼 이 심연(深淵)을 덮고

적막한 대지 위에 가랑잎 딩그는(뒹구는) 추성(秋声)이여.

습기 눅눅한 동굴과 청태(靑苔, 푸른 이끼) 낀 고목 밑에 앉아

염염(炎炎)한 구도자들이 한기(寒氣)에 떠는 계절.

고금에 왕래한 선인(先人)들의 심정과 영원을 향해 기도한 경건한 심정을 우러러 내 겸손히 옷깃을 여미노라.

비탈진 낙목(落木)의 오솔길을 더듬으면서 내 고도(古道, 옛 도)의 오지(奧地)를 향해 피묻은 의지로 구도한다.

---

69 칼 바르트(Barth, Karlh, 1886-1968) : 스위스의 프로테스탄트 신학자. 『교회 교의학』, 『로마서 강해』.

70 폴 틸리히 Tillich, Paul Johannes, 1886-1965) : 독일 태생의 미국 개신교 신학자. 『조직신학』.

71 함석헌(1901~1989) : 한국 종교인. 《씨올의 소리》 창간, 『뜻으로 본 한국역사』.

72 운행유시(雲行雨施) : 구름이 가는 곳마다 비가 되어 만물에 베품. 『주역(周易)』 건괘(乾卦) 단사(彖辭).

저 불인(不仁)한 하늘[73]도 촉루의 산, 해골의 언덕을 보며 눈물 글썽하리니.

---

73 불인(不仁)한 하늘 : 『노자(老子)』 5장.

2.

열두 구비 스무 고개련가?
구비마다 고개마다 딩구는 촉루(髑髏)여.
솔바람 신운(神韻)속 선철(先哲, 앞서간 철인)들의 피 묻은 유언이 들린다.
이 자리가 무슨 자리인가?
내 존재하기까지 금고리 모양 잇닿은 연기(緣起)의 혼(魂)들이 경건한 도심(道心, 도의 마음)을 안고 죽어간 해골의 산(山)이 아닌가?
대대로 뼈살이 썩어 지층으로 쌓이고
고성(古聖)들의 자각은 금강석처럼 묻히고
신령한 골 안에는 거룩한 숨결이 청풍(淸風)처럼 고여
허무의 기(氣)는 하늘가에 떠돌아라.
새붉이여.
우리는 옛님들이 닦은 심정의 터전과 지성한 공적 위에 서 있음을 명심하자.
그러므로 우리들의 깨달음은 선인들의 낡(나무)에 꽃핀 열매니라.
비록 옛님들은 죽어 그 깨달음은 기화(氣化)되었으나 오늘 우리들이 새날의 대도(大道)를 행할 때 우리로 말미암아 고성(古聖)들은 부활하리라.
오늘 우리가 짊어진 십자가는 선인(先人)들의 한(恨)과 유언을 풀

어 주며 동시에 우리들 자신을 자유케 하리니,

이 천명(天命)을 깨달으면 저 서풍(西風)에 나부끼는 낙엽혼(落葉魂)은 면하리.

3.

깊은 오밤중. 귀또리 소리도 잦아든 밤 누리에 고요 머물고
촛불도 꺼진 적막한 산막(山幕)에 홀로 앉아 자유를 명상할 때
허무의 깊은 뒤 안에서인지
흥겨웁게 들려오는 농악소리를 듣는다.
차(茶)잔을 놓으며
그럼 이맘쯤서 성인(聖人)들과 고별할까?
신령한 주문(呪文) 외우듯
신령한 주문 외우듯
〈농(農)은 천하(天下)의 대본(大本)이다〉라고
귓속말 속삭이는 말씀이 있도다.
창밖에서 소소한 추풍(秋風)은 낙엽을 희롱하고
괴괴한 상월(霜月)은 적막한 강산에 시름겨워라.
해골 모양 창백한 달빛이여.
오. 허무의 얼굴이여.
비수처럼 푸른 살기(殺氣)가 압도하는 이 밤,
사신(死神)이 으드득 이빨을 가는 공포의 오밤중에
저 농악소리는 뉘를 위한 거룩한 음악인고?

4.

이 밤 고타마의 눈동자 같은 달 천공(天空)에 밝고
자성(自性)을 밝히는 내 눈동자도 성성(惺惺)하여 졸립지 않도다.
옛 사람은 숲길 은둔의 묘역(妙域)에서 지혜의 황금 광맥을 캐고 하나님의 존엄하신 성상(聖像)앞에서 불멸의 믿음을 찾았으나, 우리는 피투성이의 역사 안에서, 자유의 광장에서, 비정한 전장(戰場)에서, 혁명의 대열 속에서, 병든 도시의 지붕밑에서 혈행(血行)하고 있다.
참으로 이 시대의 고뇌를 짊어진 자는 향내(向內)하여 성인(成人)된 자성(自性)을 보며 향외(向外)하여 역사의 의미를 해독하고 현대의 골고다에 장렬하게 전사할 줄 아는 자이다.
새붉이여
그대는 이 밤 초연(硝煙, 화약의 연기)이 자욱한 불모(不毛)의 산으로 입산하라.
주저항선(主抵抗線) 참호 속에서 하나님께 기도하라.
탄우(彈雨)가 빗발치는 서부전선에서 니르바나를 명상하라.
그렇다. 전역사(全歷史)의 십자가를 지고 도(道)를 닦자.
그러면 바른 해답을 주시리.
새붉이여
성인(聖人)의 반열을 따라 앞서간 조상들이 명명(冥冥, 아득하고 그윽함)한 영계(灵界)에서 역사에 참여하는 우리들의 결단과 행동을 주시하고 있으며 탄식하는 만물[74]들도 우리들이 절규하는 혁명의 구호를 귀담아 듣고 있음을 명심하자.

---

74 탄식하는 만물 : 로마서 8장 19절에서 22절.

5.

고졸(古拙, 소박한)한 토기(土器) 속에 재를 담아 가지고 입산하여 신령한 불꽃을 얻어 하산하던 때가 있었다.

허퉁 빈 골 안마다 영묘(靈妙)한 메아리 가득차고

뫼뿌리 마다 거룩한 검님(신령)들이 강림했다.

은계(隱溪, 은밀한 계곡)맑은 물에 흘러간 도화(桃花, 복사꽃)

산곡(山谷)에 싱그런 지란(芝蘭, 지초와 난초)의 향기여.

비늘 터진 굽은 소나무 아래서

양지바른 거북바위 밑 초암(草庵)에서

머루 다래 따먹고 이슬 바람 마시고

송화(松花)가루 도토리를 씹으면서 옛 도인(道人)들은 명상했다.

청산이여, 원(圓)은 미소하고 묘음(妙音) 들리는 곳.

허나 이즈음 산은 김이 빠지고 영험이 없고나.

난야(蘭若: 사찰)마다 목탁 소리 들리긴 해도, 골 안마다 기도 소리 들리긴 해도 도통(道通)은 사신(邪神)과의 밀통(密通)이며 영통(靈通)은 잡신과의 야합(野合)이더라.

대도(大道)가 강림하는 새날의 신단수(神壇樹)야.

중도(中道)의 풍류(風流)[75]가 잡히는 너 동방의 붉산아.

---

75 풍류(風流) : 풍류는 「난랑비서」에 출전을 둔 한국인의 종교적 정체성이다. 저자는 '풍류=선(僊)'이라고 해석함. 변찬린, 「僊(仙)攷」,『甑山思想研究』5輯, 1979, 179-212. 이를 궁극적 인간을 '풍류체', 다양한 사유체계를 융합하고 회통하는 마음체계를 '풍류심(風流心)' 그리고 자유자재한 생활태도를 '풍류객(風流客)'이라고 표현하며 '풍류도와 선맥(僊脈)의 하늘'이라는 새로운 지평과 차원을 열었다고 말함. 변찬린,『성경의 원리 下』, 한국신학연구소, 2019, 573. ; 이호재,「포스트 종교운동」, 문사철, 2018, 54-76.

정신 차려라.

정신 차려라.

6.

길과 길 사이

쑥대 무성한 황무지

개발되지 않는 미개한 심전(心田)이었다.

통로없는 광야

가시와 엉겅퀴의 산록(山麓, 산기슭)

나룻배 없는 강

밧줄 없는 심연(深淵)

이곳에 마귀 숨고 무령(巫靈)들이 업디어 미개한 심령들을 함부로 투망질하고 주살질했다.

하여, 이 길 가는 행자(行者)는 저 길 가는 사도(使徒)를 비웃고 저 길 가는 군자는 이 길 가는 은사(隱士, 숨어사는 선비)와 다투었다.

피 비린 종교 싸움,

얌체없는 각(覺)의 도적질

닫힌 벽이여, 막힌 심전(心田)의 경계여

굳은 패각(貝殼)의 침실,

촉려(蠋廬, 애벌레 집)의 골방 속에서 너는

범천(梵天)[76]을 찬미했고,

주형과 교파 속에 갇혀 나는

---

76   범천(梵天) : 힌두교의 창조신인 브라흐마의 한역.

하나님을 찬미했다.

가교(架橋)없는 심연이여.

대화를 상실한 돌 믿음이여.

우리들 사이에 〈통역하는 영〉은 없었고, 〈이해하는 진심〉은 없어 서로가 알아듣지 못하는 〈각(覺)의 방언〉으로 유아독존(唯我獨存)했고 신성불가침을 주장했다.

독단과 편견으로 여문 가라지

오만과 고집으로 익은 죽정이

거룩한 농부는 세계심전(世界心田)에서 피(稗)를 뽑아내시리.

7.

새날의 악보여

고금(古今)의 숨결과 동서(東西)의 노래가 작곡된 거룩한 교향악이여.

야웨신을 향한 기도와 범신(汎神)에의 주문

산사의 범패(梵唄, 여래의 공덕 찬가)와 향교의 기침소리

무녀(巫女)의 초혼가(招魂歌, 죽은 영혼을 부르는 노래)와 북망산의 해로가(薤露歌, 상여나갈 때 부르는 노래)

이성의 잠언과 감성의 연가

세계심전에서 외친 일체의 음향은 신기(神器)속에 채보(採譜)되어 성인교향악단(聖人交響樂團)에서 연주될 날을 기다리고 있다.

백악관에서 크레믈린 궁전까지

서울에서 평양까지

부란덴부르크문에서 판문점까지

예루살렘에서 카이로까지

북경에서 대북(臺北)까지

사이공에서 하노이까지

케이프 케네디에서 달나라까지.

인류들이 외친 환호와 갈채, 구호와 선전, 통곡과 아우성,

포성과 폭음도 신기(神器) 속에 녹음되어 하늘 방송의 날을 기다리고 있다.

새붉이여

가청(可聽)밖 하늘에서 연주되는 실내악과 교향악을 들어라.
〈역(逆)의 스위치〉를 틀면 전자음악같은 아방가르드 음악같은
난삽(難澁)하여 평이(平易)한 대도의 신곡(新曲)을 들어라.
새 하늘 음악제가 열리는 저 동방의 무천(巫天)
잠시 후 성인교향악단(聖人交響樂團)의 창립공연의 막이 오르리니,
하늘나라 형제들이여
하나님이 보내신 새날의 초대장을 들고 세계시민의 광장에 모이자.

8.

새볽이여

내 대취(大醉, 진리에 몹시 취해)해 묻노니 그대 〈촉루배(髑髏杯, 해골로 만든 잔)〉[77]를 아는가?

해골의 술잔을 모르는 지성인들과 어이 도를 청담(淸談, 맑고 고상한 대화)할까?

오라! 새날의 대인(大人)들이여.

우리의 마실 술잔은 유리의 잔도 황금의 배(盃)도 아닌 해골바가지로다.

파스칼과 키엘케골과 니-체와 본 헤퍼의 하이얀 해골 속에 텁텁한 막걸리를 부어 마시노니 이 또한 멋진 풍류가 아니겠는가?

원효와 율곡과 퇴계와 수운(水雲, 동학 창시자, 최제우)의 하이얀 촉루 속에 죠니 워카를 부어 마시노니 이 또한 멋진 도락(道樂, 도의 즐거움)이 아니겠는가?

명동과 무교동과 세종로와 태평로에 우리들의 〈촉루배〉를 개업할 성모(聖母)는 없으신고?

우리들의 순결한 정랑(情娘)이며 요요(夭夭, 젊고 아름다운)[78]한 여류시인은 없으신고?

---

77 촉루배(髑髏杯) : 원효가 의상과 당나라에 유학가려다 밤에 무덤에서 목이 말라 바가지 물을 맛있게 마셨는데 아침에 보니 해골바가지(髑髏)의 송장 썩은 오물이었다는 것을 알고 원효가 큰 깨달음을 얻었다는 고사에서 시상을 떠올림. 『삼국유사』권4.

78 요요(夭夭) : 나무의 한창인 모양을 젊고 아름다운 여인에 비유. 도화요요(桃之夭夭), 『시경(詩經)』, 「주남(周南)」.

황진이[79]와 허난설헌(許蘭雪軒)[80]은 없으신고?

수로부인이여, 그대 환생하여 주점 〈골고다〉를 개업하렴.

베아트리체여. 그대 환생하여 미니를 입고 오렴.

사포여, 그대 환생하여 핫 팬츠를 입고 오렴.

그러면 저 무천(巫天)속 추사(秋史)는 부활하여 주점의 간판을 휘호하고, 달마는 빙그레 웃으면서 벽에 출구를 내고, 원효는 표주박을 두드리면서 째즈풍, 무애가(無碍歌)를 노래하고 하나님은 꽃다발을 들고 축하하러 오시리.

새붉이여

홀로 증발하여 해체될 나그네여.

우리 한자리에 모여 순배(巡盃, 술잔을 돌림)하니 이 또한 유쾌하지 아니한가?

유붕(有朋)이 자원방래(自遠方來)[81]하면 논학(論學)의 번거로움을 털어 버리고 우리는 청정한 정인(情人)들이 있는 주점 〈촉루배〉로 가자.

화사(花蛇)의 넥타이를 매고 플레이보이 모양 휘파람을 불면서

---

79 황진이 : 세간에 기생으로 알려져 있지만 불교의 지족선사, 선가의 벽계수와 도담(道談)을 통해 그들을 굴복시키고, 유학자 서화담을 존경하였다고 하는 도(道)의 기생으로 송도삼절(박연폭포, 서화담, 황진이)로 불림.

80 허난설헌(許蘭雪軒, 1563 ~ 1589) : 조선 중기의 시인, 작가, 화가로서 동아시아 최고의 시인. 불우한 생애속에 300여 수의 시를 남겼으며 서예와 그림에도 능했다.『난설헌집(蘭雪軒集)』

81 유붕(有朋)이 자원방래(自遠方來) : 벗이 멀리서 찾아오면『논어(論語)』,「학이편(學而篇)」.

신바람 나게 대로(大路)를 누비며 가가대소(可可大笑, 소리내어 크게 웃음)하자.

동서(東西)의 명주(名酒)여, 고금(古今)의 포도주여.

우리 다 같이 건배하자. 축배를 들자

디오니소스여. 그대는 이 밤 허무의 심연이 무너지도록 유쾌하게 대소(大笑)하라.

이태백이여. 그대는 영원히 취한 걸음으로 흔들거리면서 오라

한잔 두잔 탄피(彈皮)로 산(算) 놓으며

고독을 안주삼아

낙진(落塵)의 빗소리 풍류삼아 들으면서

일배일배(一盃一盃) 부일배(復一盃) 취하도록 마시자.

피나게 고독할 때면 그림자와 대작(對酌)하고

상한 심우(心友)와 대작할 때면 서로의 아픔을 무언(無言)으로 달래자.

홀연히 큰 초상이 날 이 세계

우리는 이 상가에서 풍류의 멋을 잃지 말자.

담수지우(淡水之友)[82]여

그대 허리에 찬 호로병(胡露瓶)에 아직 술이 남아 있느뇨?

허허허.

---

82 담수지우(淡水之友) : 맑아서 물과 같은 도의 벗, (군자지교(君子之交)담약수(淡若水). 『장자·외편 (莊子·外篇)』, 「산목(山木)」.

9.

고대의 탈레스로부터 현대의 하이데거에 이르기까지 고금(古今)에 왔다간 기라성같은 철인들은 내 자아가 탈바꿈한 창조적 정신의 변모였네라.

유물론과 유심론, 관념과 경험주의, 신비와 실증주의, 실존과 과학 철학.

동서에 발생한 온갖 유형의 사상은 내 의식이 몸부림친 생산적 구도의 흔적이였네라.

인류가 남긴 온갖 형태의 종교와 문화유산은 한결같이 내가 고뇌한 심정의 열매였노라.

인간이란 무엇인가?

이 엄숙한 자문(自問)에 성실하고 진지하게 자답(自答)하기 위하여 나는 얼마나 많은 해답을 제출하였던가?

갈대의 사색으로, 오뇌의 몸부림으로, 흐느끼는 애가(哀歌)로, 성실한 합장(合掌)으로, 노한 얼굴로, 대취(大醉)한 걸음으로 대답하였노라.

아. 나는 온갖 가면을 제작한 명장(名匠)이었고, 천의 얼굴, 만의 표정으로 연기한 명우(名優)였노라.

성인(聖人)과 독재자, 철인(哲人)과 광인(狂人), 시인과 천민(賤民)들의 사면(死面)도 창조적 진화의 노상(路上)에서 내가 벗은 탈바가지였노라.

사상과 주의, 학파와 아류는 편력의 도상(途上)에서 내가 사유한 구도의 시며 연극의 대사였노라.

설산에 오르고[83], 난곡(蘭谷)에 은둔하고[84], 천하를 주유(周遊)하고[85], 광야에 방황(彷徨)[86]한 혈적(血跡)과 상흔(傷痕)이 있었기에 오늘 우리는 영(灵)의 시대의 아침을 맞이하노라.

아테네 거리를 거닐며[87], 쾌니히쯔벨그의 오솔길을 산책하며[88], 코펜하겐의 노상에서 쓸어져 죽고[89], 플로센베르크의 옥중에서 사형당한[90] 성실한 행동과 피 흘린 결단이 있었기에 오늘 우리는 역사의 성인(成人)으로 자유하노라.

토굴 속에 감금당한 문왕(文王)과, 밧모도(島)에 유배당한 요한과, 귀머거리 베토벤이 있었기에 오늘 우리는 인고(忍苦)의 의지로서 승리의 개선가를 부르려 하노라.

아! 일체가 내 자아의 전개, 내 정신의 편력, 내 영혼의 구도, 내 의지의 노래였노라.

---

83 석가모니의 고행.
84 노자의 도행(道行).
85 공자가 제후국을 다니면서 난세의 방책을 제시한 행적.
86 예수의 광야 시험과 전도.
87 소크라테스와 소유학파.
88 쾨니히스베르크를 연고지로 학업과 철학을 한 '직업 철학자' 칸트Kant, Immanuel, 1724~1804).
89 코펜하겐의 고독한 영혼인 실존주의 철학자 키에르케고르(S. Kierkegaard, 1813 - 1855).
90 나치에 저항한 개신교의 실천 신학자 본 회퍼(Dietrich Bonhoeffer, 1889~1957).

10.

새붉이여

그대는 고고학과 지질학과 고생물학을 배운 후 입산하라.

그대는 고전물리학과 원자물리학사(原子物理學史)와 수학원리를 배우고 퇴수(退修)하라.

그대는 천문학과 기상학과 해양학을 배우고 피정(避靜)하라

그대는 생화학과 유전학과 방사선농학(放射線農學)을 배우고 운행(雲行)하라

그대는 정신병리학과 전자음악과 현대시를 배우고 구도하라.

새붉이여

이 시대의 고뇌와 고난의 십자가를 짊어지고 신단수 밑에 정좌하라

그러면 하나님은 너에게 영적 훈련을 행하시리.

지층 밑에 누적된 화석과 진화의 연대기와 국가의 흥망사와 인류의 문화사를 영적 안목으로 명상하라.

원자구조와 핵의 비밀과 불의 원리를 고요히 직관하라.

미분과 적분과 방정식을 형성하는 수령(數靈)들과 대화하라.

단백질과 유전자와 염색체와 세포핵의 암호를 해독하라

미래에로 뻗어 나간 도의 청산(靑山)

로고스의 도맥(道脈)이 묻힌 영(靈)의 원광(原鑛)이 너를 향해 손짓하고 있다.

각(覺)의 능력으로 저 전인미답의 산맥을 개발하여 도용(道用)하는 날

우리는 지인(至人)이 되어 부활하리
우리는 초인(超人)이 되어 회귀하리.
그대는 아는가?
지인의 발밑에는 문명의 유허(遺墟)와 연쇄된 화석과 성인(聖人)들의 심정과 죽은 시간의 잔해가 묻혀있음을 ….
그대는 아는가?
초인의 발밑에는 아인슈타인의 머리가 있고, 그 발밑에는 뉴톤의 머리가 있고 그 발밑에는 갈릴레오의 머리가 있고, 그 발밑에는 피타고라스의 머리가 있음을….
새붉이여
마음과 마음으로 연쇄된 황금의 고리를 잡자.
머리와 머리를 엮은 황금의 사다리를 오르자.
우리는 전(全)역사와 전(全)생명과 전(全)의식의 총화(總和)
우리는 신비한 생명나무의 빛나는 열매
우리는 거룩한 하나님의 아들임을 깨닫자.

11.

모든 조형(造形)을 창조한 자여, 고독한 공방(工房)에 돌아가라.
모든 사고를 개화(開花)한 자여, 생명나무의 열매를 따먹으라.
모든 사상을 관통한 자여, 무지(無知)의 문을 두드려라.
모든 이념을 행동한 자여, 중도의 길을 열라.
모든 여체를 편력한 자여, 거룩한 원(圓)을 겨냥하라.
모든 죄업(罪業)을 고행한 자여, 청정한 현수(玄水)[91]에 멱(몸을 씻음)감으라
모든 노래를 부른 자여, 고요한 만뢰(萬瀨, 만물의 울림)를 들으라
모든 춤을 안무한 자여 호접(胡蝶)의 날개를 접으라
모든 장(場)을 윤회한 자여, 무적(無跡, 흔적없는)한 수레 위에 앉으라.
새붉이여
짜여진 전(全)과정을 성실하게 졸업하면 새날이 개명(開明)되리.
주어진 전(全)시간을 성실하게 압축하면 영원이 개시(開始)되리.
엮어진 전(全)각본을 성실하게 열연하면 새 장이 개막(開幕)되리.

---

91   현수지수(玄水至上) : 순수진리(純粹眞理). 『장자·외편 (莊子·外篇)』, 「지북유(知北遊)」.

12.

셋이 길을 가면 두 분은 스승

알맞은 가운데(中)서 나는 삼가 보고 배운다.

내 오른편 우씨(右氏)는 민주

내 왼편 좌씨(左氏)는 공산

노상(路上)에서 셋이 해후하던 때는 먹 밤

서로 얼굴을 모른 체 동행했다.

천만리 먼 험로 나그네 초행길

대화하며 간다.

시(是)와 비(非)에 말려 두 분은 각쟁(角爭, 심하게 논쟁)하고

나는 묵언(默言)

삼가 듣고 배워 스스로 밝아진다.

어디쯤 왔는가? 첫 닭이 운다.

동트는 새벽

산 솟고 물 흐르는 곳

천세노송(千歲老松) 아래서 잠시 노독(路毒)을 풀며 쉴 때

나는 비로소 본다.

신비한 효무(曉霧, 새벽안개) 속에 나타나는 두 분의 얼굴 닮은

쌍동(双童)임을….

자명(自明)함이여.

해가 뜬다.

밝은 정오의 의식 아래 셋은 작별을 고한다.

좌와 우에서 환(幻)처럼 사라지는 두 허깨비
나는 홀로 길을 간다.
성(誠)의 지팡이를 짚고 중도(中道)의 밝음이 손짓하는
태초의 길을 향하여.

13.

달팽이 뿔 위에 나라를 세운 촉씨(觸氏)와 만씨(蠻氏)
한 오리 머리털도 뽑지 않은 양자(楊子)[92]와 겸애를 설파한 묵자(墨子)[93]
부활을 부인한 사두개파[94]와 메시야를 살해한 바리새인[95]
형식논리에 치우친 소피스트와 수사학(修辭學)의 변사(辯士)들인
데마고그(선동 정치가),
바울의 신관과 맑스의 변증법.
제국주의의 주구들과 전체주의의 괴뢰들.
청와대와 만경대(萬景臺),
자막(子莫)[96]와 바나바[97]와 네루[98]와 나세르[99]의 중립.
새붉이여
천하에 길이 많으나 정도(正道)가 없구나.
지인(至人)의 길은 중초(中超)한 대도(大道)」

---

92 양자(楊子) : 양자가 세상을 구할 수 있더라도 자신의 한 올의 털로 뽑지 않겠다는 주장을 맹자는 극단적 이기주의로 비판함. 『맹자(孟子)』, 「진심상구 상(盡心章句 上)」.
93 묵자(墨子) : 양자와 달리 보편적인 박애설을 주장함. 『맹자(孟子)』, 「진심상구 상(盡心章句 上)」.
94 마가복음 12장 18절, 누가복음 20장 27절, 사도행전 23장 8절.
95 마태복음 12장 14절, 마가복음 3장 6절.
96 자막(子莫) : 양자(楊子)의 극단적 이기주의와 묵자(墨子)의 극단적 박애설의 중간을 취하여 중립의 입장을 취함. 『맹자(孟子)』, 「진심상구 상(盡心章句 上)」.
97 바나바 : 레위인으로 바울과 사역을 같이 하기도 하며 성서의 정신을 온전하게 실천한 사람. 사도행전 4장 36절-37절, 9장 26절 -27절, 11장 20절, 11장 25절-26절, 11장 30절.
98 자와할랄 네루 (Nehru, Jawaharlal, 1889~1964) : 인도의 정치가. 간디의 지도아래 독립운동을 전개하고 수상시절에 중립을 표방.
99 가말 압델 나세르 (1918-1970) : 이집트의 정치 지도자. 아랍의 반제국주의와 사회적 평등을 모색하여 범 아랍주의를 제창한 아랍의 영웅.

새날의 중도를 닦기 위하여 얼마나 많은 씨알들이 도로공사(道路工事)에서 죽어갔던가?

중도(中道)는 험하고 어려운 피의 길, 가시밭길.

제 4 장
도(道), 공(空), 무(無), 성차원(聖次元) 영공간(靈空間)

1.

무심(無心)한 나
허 퉁 빈 마음으로
〈도(道)란 무엇이뇨?〉물었더니
자연은 빙그레 웃으며 대답하는 말
〈엄마니라〉하더라.
그 얼굴 그윽한 모습은
무형(無形)이면서 무한형(無限形)이다.

2.

우리 어머니의 빈문(牝門)은
환(幻)꽃 구름이 사라지는 무(無)니라.
순수한 정(精)이 증발한
자운(紫雲) 흘러가는 공(空)이여
성인(聖人)의 정충(精蟲)은 씨 없이 불임(不姙)한 날에
홀연히 내 자각의 돛단 고주(孤舟)
노오피 수천(水天)에 흘러간다.
도화(桃花) 흘러간 강물 따라
옛 아버지 사정(射精)한 현존
연꽃 피는 해인(海印)의 바다로 흘러간다.
무(無)여
오! 현묘(玄妙)한 젖과 자궁이여
성인(聖人)의 눈짓에 발기된 자각의 두상(頭像)이여
숫되고 굳굳하고 싱싱한
지인(至人)의 고추여.

3.

오로지 성(誠)의 강물이 중곡(中谷)에 흐르고
영그럽게 발기한 뫼뿌리에
자욱히 운애(雲靄, 구름과 아지랑이) 가 감도는 신령한 새 아침
이는 내 영혼과 육신을 펼쳐놓은 산수(山水)니라.
성정(性情)이 일어날 때 마디(節)있게 하여
깨끗한 좆부리에 화기(和氣) 어리게 하여
기신(氣身)도 응하여 구름같은 정(精)을 토(吐)하게 한다.
므로
나는 성(誠)의 물결 위에
기쁨의 배 띄워
문답하는 메아리 속에 흘러가는
고요니라.
고요니라.

4.

내 판 밖에 서며
먹줄 밖에[100] 비상(飛翔)하여
그곳에 펼쳐진 신령한 산수(山水)에 소요하노라.
스스로 계신 자연이여
스스로 자유하는 자만이 교감(交感)하도다.
무(無)에의 연가(恋歌)를 읊조리며
소소(簫簫, 쓸쓸한) 한 대공(大空)에서 서리 바람 부는
표표(飄飄, 회오리 바람부는) 한 가을날.
소리 없이 조락(凋落, 시들어 떨어지는)하는 낙엽을 긁어모아
천지 사이 분향하듯
내 군더더기 성인(聖人)의 경서(経書)를 태우노니
뉘 있어
이 염담(恬憺, 욕심이 없는 담백한 마음)하고 무지(無知)한 심정을 나무라겠느뇨?
허허허.

---

100 각주 10을 참고할 것.

5.

순(順)을 셈하는 행자(行者)여
역(逆)을 셈하여 천마공행(天馬空行)[101]하여라.
피 흘린 긴 고독이 지난
조용한 어느 날
내 자각의 고운 얼굴을 보노니
내 안에서 내가 빠져 나와
내 얼굴이 내 얼굴을 보는 자리
고요는 중공(中空, '공'의 가운데)에 머물고
지극한 성(誠)은 이루어진다.

---

101 천마공행(天馬空行) : 하늘을 나는 말처럼 생각과 행동이 거침없이 자연스러움.

6.

공(空)은, 텅빈 공(空)은 청정한 바다
무(無)는, 텅빈 무(無)는 순결한 바다
무구(無垢, 맑고 깨끗)한 묘(妙)여
나를 잉태하셔라
시태(始胎)한 현(玄)이여
나를 해산하셔라.
공(空)도 내 집
무(無)도 내 집
삶은 자지가 일어나는 것
죽음은 자지가 시드는 것
내 공(空)에 사정(射精)하였네라
내 무(無)에 사정하였네라.

7.

없음이 없는

없는, 그 속알 속에 있는

있는, 있음을 본다

환(幻)꿈은 사라지고 소소한 밝음 속

묘문(妙門)에 나들이하는 풍류체(風流體)[102]를 본다.

그윽한 물 위

동심(同心)의 수문(水紋) 일고

동그라미 속에 누워

성결한 남녀들이 한한(閑閑, 조용하고 한가로움)히 성교(性交)함이여.

---

102 풍류체(風流體) : 역사적 인간이 자유자재한 존재양태로 거듭난 궁극적 인간을 말함. 다음을 참고할 것: 변찬린, 「僊(仙)攷」, 『甑山思想硏究』 5輯, 1979, 179-212; 변찬린, 『성경의 원리(上)』, 한국신학연구소, 2019, 62-90; 변찬린, 『성경의 원리(下)』, 한국신학연구소, 2019, 557-570; 이호재, 『포스트종교운동』, 문사철, 2018, 54-62; 이호재, 「변찬린의 풍류사상에 대한 종교적 이해 -풍류도맥론(風流道脈論)의 영성(靈聖)담론의 가능성을 위한 시론」, 『한국종교』 45, 2019, 325-355.

8.

너에게 묻노니

성인(聖人)의 그물을 벗어나 자유할 수 있겠느뇨.

스스로 깨달아 자유로이 소요하면

무(無)에 해체되어 거문고를 타리라.

너 언제까지 방황하며 괴뢰가 되겠느뇨.

구만리 장공(長空)에 붕(鵬)새 날 듯

성인(聖人)의 질곡(桎梏)을 해탈하여 하염없이 자유하면

신령한 성차원(聖次元) 영공간(靈空間)[103]을 개명하여

노오피 도약 비상하시리.

---

103 각주 13 참고.

9.

돌아가신 선인(先人)들과
뭇 운객(雲客, 구름나그네)들이 자리하여 즐기던
저 갈매빛 청산(靑山)
이내 밭 청풍(淸風)이 자연인고?
허허허.
산 끝나고 물 다한 곳
판 밖에
먹물 밖에 열린 빈 집을 본다.
쌍닫이 법문(法門)이 열려
고요가 나를 맞이함이여.

10.

어느 밝고 맑은 눈이 있어
연꽃 자궁이 문 여는 기미를 보겠느뇨?
고요도 고요함이여.
그 속알 핵 자리에 고요히 앉으면
만유(萬有)의 두 얼굴이 빙글빙글 회전하고
충만한 동그라미 안에 미소짓는
중화(中和)의 성상(聖像)이여.
오! 천생의 연분인가? 착하신 배필인가?
내 황홀함에 대취(大醉)하여
앎의 시름을 잊었노라
백의동자(白衣童子)[104]야
문밖에서 아직 사망이 날 기다리고 있더뇨?

---

104 백의동자(白衣童子) : 술을 가져다주는 동자. 도연명의 고사에서 나온 말로 도연명이 중양절(9월9일)에 술이 없어 국화를 따고 있을 때 마침 도연명과 친분 관계를 가지려던 왕홍(王弘)이 심부름하는 아이 편에 술을 보내왔는데 이때 그 아이가 흰옷을 입고 있어서 백의동자라고 함. 『채근담후집(菜根譚後集)』 20.

11.

무엇을 깨치겠다고
가부좌하리까
자씨(慈氏)[105] 품에 안겨
젖을 빨다 자부는
빠알간 적자(赤子)의 평화를 주소서.

무엇을 알겠다고
반가사유 하리까
암탉의 날개 밑에
순금 빛 해바라기 하는
노오란 햇병아리의 평화를 주소서.

---

105 자씨(慈氏) : 마이트리야(Maitreya)를 음역한 미래불인 미륵을 말하며, 자씨(慈氏)로 의역된다. 자애로운 보살을 의미하는 자씨보살이라고 한다. 제9장 4절에는 '자씨(慈氏) 어머니'로 여성격으로 표현함. 불교문화권에서 유독 한국은 미륵신앙의 흔적이 많음.

12.

물 위에 보금자리하고
흐름 위에 빈 마음 놓아 보내노라.
물이여.
물이여.
허통 빈 골 안 따라
망망 바다로 흘러가는 산(山)의 정수(精水)여
영악묘봉(靈岳妙峰: 신령스러운 산과 기묘한 봉우리)으로 퇴수(退修)한 혼(魂)은 바다로 비하(卑下)하시리.
산과 계(谿, 시내)와 가람은 옛사람들의 밝은 지혜였으니
신령한 골 안은 연꽃 자궁의 질구(膣口)니라
영그럽게 발기된 청산
정정한 고목(古木)아래 앉아서
옥류(玉流)에 한잎 두잎 도화(桃花)를 띄워
연연(戀戀)한 꽃마음 흘러보내노라.
물길 예는 심성(心性)이여
곡(谷)의 흐름 따라 날로 비하(卑下)하도다.
열린 귀 바다의 염염(炎炎)한 밀어(密語)를 들으며
붉은 마음 푸른 뜻으로 영원을 기리노라.
말없이 홀로 가는 자여
영원으로 굽이치는 옛 장강(長江)따라
덧없이 흘러가는 한 조각 구름배를 보라.
영원! 오. 모성(母性)을 향한 길이여

제 5 장
풍류, 풍류체, 풍류심, 풍류객

1.

대사(大蛇, 길고 큰 뱀)로다
시간은 긴 대사(大蛇)로다
머리도 꼬리도 없는 징한 먹구렁이
나를 깨물고 또아리 튼다.
서른 고개 넘으면
갓 서른 만큼 길어지는 뱀
마흔 고개 넘으면
갓 마흔 만큼 늘어나는 뱀
뱀에 쫓겨 도망친 한뉘(삶)여
난도질하여라.
무의미한 시간을 토막내어라
살(煞)아, 살(殺)아, 몹쓸 살모사(殺母蛇)[106]야
널 잡아 껍질을 벗기겠다
널 구워 술안주 하겠다.

---

106 살모사(殺母蛇) : 인간 시조(始祖)를 타락시킨 악마. 창세기 3장, 요한계시록 12장 9절.

2.

나룻배 강을 넘나들며
낡아지기, 애고 그 몇 번인고?
밑 빠진 심연에 줄 타며
곤두박질하기, 애고 그 몇 번인고?
이놈 허무(虛無)야.
눈알을 부릅떠 잇빨을 갈며
몇천 번 날 잡아먹었니?
몹쓸 아가리야
산발(散髮)한 귀신을 풀어놓고
몇만 번 날 주살질 하였니?
마지막 혈식(血食)을 즐기다
네가 식상(食傷)해 나자빠진 오늘
나는 사람의 허물을 벗고
훨훨 날아 긴곤(乾坤) 밖을 간다.

3.

살에서 영향(灵香) 그윽하고
영에서 육향(肉香) 싱싱해라.
영(灵) 곧 육(肉)
육(肉) 곧 영(灵)
중초(中超)한 새 실재(実在)여.
〈만남〉과 〈맺음〉이 절로 선하고
〈끊음〉과 〈헤어짐〉도 절로 아름다워
내 모르괘라. 생사 오감을
천지간에 자유로운 기식(氣息)
피리 구멍으로 나들이하는
풍류로고.

4.

순수한 정신도 없고
순수한 물질도 없네.

실상(實相)의 다리.
고요한 난간에 기대서서
나는 조망(眺望)하리.
정신과 물질이 합류하는
생명의 강을….

정지된 강물은
동시에 흐르네.
상류와 중류와 하류
동시에 흐르네.

강물은 흐르고
종은 울리네.

실상(實相)의 다리
고요한 난간에 기대서서
강물을 조망하며
종소리 들으며
나는 념(念)하리.

옴(唵)을….

5.

육신을 탈출한 새 몸

정신을 해탈한 새 영

오묘하고 신비한 영체(灵體)여

육신도 아닌 몸 생선을 잡수시고[107]

정신도 아닌 영 잠긴 문 열지 않고 출입하셨다.[108]

굴레를 벗은 자유한 새 실재

사고는 잠들고 영이 깨어난

번뇌는 죽고 사랑이 살아난

사람다운 거룩한 참사람

예수 부활하셨다.

예수 승천하셨다.

---

107   요한복음 21장 10절-14절.
108   요한복음 20장 19절-29절.

6.

살아서 죽어 무덤 속에 묻히고
죽어서 살아 무덤 문 여시다.
생사에 자재하신 능력
생사를 이기신 권세
오호. 할레루야.
이승과 저승을 빠져나와
새 장(場)의 문 활짝 여시고
우리를 오라고 손짓하신다.
생사의 수레 부셔버리고
신령한 새 땅 새 하늘에
우리를 오라고 손짓하신다.
오호 알레루야.

7.

생사 오가고
영육(靈肉)이 생멸(生滅)하고
이승과 저승이 여닫치고
허무의 권(圈). 암흑의 껍질을 깨고
홀로 건곤(乾坤) 밖을 소요하면서
드디어 하나님 권으로 진입한 지인(至人)은
고요. 고요. 고요를 개명(開明)하리.
인고(忍苦)의 세월을 반추하면서
성경신(誠敬信)을 육비(肉碑)에 아로삭여
홀로 고독을 다스려 승리한 지인(至人)은
고요. 고요. 고요에 도달하리.

8.

이승과 저승을 오고 감이 없으면
이 땅도 아니고 저 하늘도 아닌
성차원(聖次元) 영공간(靈空間)에 평안히 쉬리.
빈 집 안방에 조용히 앉아
쌍달이 법문(法門)을 화알짝 열고
동트는 새날의 해 얼을 보리.
소소한 진태양(眞太陽)[109] 밝은 한낮
생명나무 그늘에 고요히 앉아
성성(惺惺)한 눈동자로 만상을 보리.
호도알 굴리듯 여의주를 잡은 손
수움(숨) 쉬는 발로 음양(陰陽)을 희롱하며
비 터에서 번개를 일으키리.

---

109 진태양(眞太陽) : 수소핵융합반응으로 에너지를 생성하는 태양이 아닌 진리의 본태양을 말함. 『천부경』에서는 "본심본태양앙명(本心本太陽昻明)인중천지일(人中天地一)"이라 함. 변찬린, 『성경의 원리 下』, 한국신학연구소, 2019, 560.

9.

잘난 얼굴은 선(善)의 탈바가지
못난 얼굴은 악(惡)의 탈바가지
이 얼굴 저 얼굴 모두가 환(幻)
헛개비 두 가면을 깨어 버리면
본래 환한 제 얼굴 보리.
배우(俳優)는 비인(非人, 가짜 사람)[110]
무대는 꼭두각시의 춤 터
허허허. 웃자.
살벌한 전장에서 돌아온 본성(本性)
피 묻은 갑옷을 벗고
신방(新房)에 앉아
낭낭하게 새날의 연가(戀歌)를 부르노니.

---
110 배우(俳優) : 배(俳)는 亻(사람) +非(비, 아님)의 합성어로 '사람이 아니다'라고 언어유희를 함. 선악을 분별하는 차별적 인간은 참인간이 아님을 강조하고 있음.

10.

왼눈을 닦고 오른눈을 열어라
오른눈을 닦고 왼눈을 열어라
왼눈도 오른눈도 아닌
신령한 눈을 열어라. 문(門)아
비일비이(非一非異, 하나도 아니고 다르지도 않는) 그 밭에 무엇이 보이느냐?
비이비일(非異非一, 다르지도 않고 하나도 아닌) 그 터에 무엇이 보이느냐?
말못할 오묘. 그것이 마음이란다.
말못할 신비. 그것이 하나님이란다.
적자(赤子)야, 버버리(벙어리)야.
굳이 말을 배우고 싶거든
어머니[111]를 조르려무나.

---

111 이 책의 제1장 5절, 제2장 9절, 제4장 1절, 제5장 11절을 참조할 것.

11.

이것이 시(是)면 저것은 비(非)
이것이 비(非)면 저것은 시(是)
허공에 까마귀 날아가네.
시(是)와 비(非)는 까마귀 소리
웃는 귀 옴(唵) 소리 듣네
본래 참 말씀은 모음(母音)과 자음(子音)
뉘라서 날 더러 부음(父音)이 있다던가?
〈모자(母子)〉의 말씀 밖에 딴 소식없네.
아버지의 숨결에 교향(交響)하는 모자음(母子音)
이것을 이름하여 도(道)라 하네
죽지 않은 골 안에 가득한 묘음(妙音)
동그라미 원음(圓音)이 메아리치네.

12.

내 눈을 멀게 한 후 현상(現象)을 보게 하소서
내 귀를 먹게 한 후 음악을 듣게 하소서.
절로 우뚝 솟은 산
있는 그대로 보는 눈을 개안(開眼)시켜 주소서
절로 흘러가는 강
있는 그대로 듣는 귀를 이순(耳順)시켜 주소서.
나조차 나임을 잊고
청허(淸虛)를 다스린 마음
돌아와 절로 있는 자연과 마주 앉아
반야(般若)를 닦게 하소서.

13.

제 자리에 절로 솟은 산은 산다웁고
제 자리에 절로 앉은 사람은 사람다웁고
제 자리에 절로 핀 꽃은 꽃다웁다.
자연의 자연스러움이여
만유의 조화로움이여
뉘라서 이 천균(天均, 자연의 조화)[112]을 파괴할손가?
마(魔)야, 마(魔)야, 너도 범(犯)치 못하리
교감(交感)하사이다. 즐거우신 자연이여
감통(感通)하사이다. 원만하신 도(道)여.
통일된 장(場)에서 성교(性交)하는 만유
영(灵)꽃 만발한 기(氣)의 밭에….

---

112 천균(天均) : 『장자(莊子)』, 「제물론(齊物論)」.

제 6 장
봄의 가을, 여름의 가을, 가을의 가을, 잠시 후 겨울은 오리

1.

산중에 고요히 앉아 있는 바위여
억겁 침묵한 의지
무엇을 기다려 고행(苦行)하는가?

돌 속에 잠든 생명
굳은 암심(岩心, 바위의 마음)이 감춘(藏) 의식의 씨앗
부드러운 숨결과 맥박
따스한 피와 체온.

비 터에서 천둥이 운다.
돌을 깨우(覺)는 번개여
암심(岩心)을 피우(發)는 바람이여
비 터에서 바람이 분다.

검은 반석에
천만년 번개가 스치면
잠든 의식이 깨어나고
먹은 귀가 뚫리고
감긴 눈이 개안(開眼)되는가.

검은 반석에

천만년 바람이 불면
막힌 숨결이 열리고
목숨의 기(氣)가 엉기어
사람의 형상(形像)이 드러나는가.

검은 반석에
천만년 뙤약볕이 쬐면
비린 피가 감돌고
따스한 체온이 스며들어
굳어버린 돌몸에 맥이 뛰는가.

큰 뇌성에 쪼개진 바위여
돌 속에서 풀려나온 싱싱한 나신(裸身)이
산중(山中)에 절로 무심히 앉아서
비 터 넘어 맑게 개인
새 하늘을 본다.

2.

죽은 반석에서 생명이 빠져나오기까지
생명에서 정신이 자유하기까지
육신에서 영이 해탈하기까지
자강(自彊)하소서. 오 불식(不息)하소서.
비나이다.
영이 뛰쳐 나오기까지
이 썩을 육신을 건강하게 하소서.

도약의 단계에서 자아가 날개 돋치기까지
비상의 마당에서 정신이 신비를 덧입기까지
변화의 차원에서 껍질을 깨기까지
지속하소서. 오 단절하소서.
비나이다.
영이 뛰쳐나오기까지
이 고뇌의 정신을 건강하게 하소서.

역사의 속도가 빛으로 등속(等速)되기까지
의식의 빛이 성공간(聖空間)을 역여(逆旅)하기까지
각(覺)의 파도가 고요에 도달하기까지
약진하소서. 오 비행하소서.
비나이다.
영이 뛰쳐 나오기까지
이 상(傷)한 인격을 건강하게 하소서.

3.

열매 맺은 푸른나무
떼지어 군루(群樓)하는 잔나비
과목(果木)에 매달려 재롱부리며
다섯 손가락 장수(長手)를 들어
망고나무 열매를 따 먹는다.
아. 이 장(場)은 까마득한 내 전전생(前前生)
하늘이 개천(開天) 되지 않던 무시간(無時間)의 때
떨어져 나간 어제
직립(直立)하기 전 내 모습.

선악을 알게 하는 나무
꽃뱀과 넌지시 밀통(密通)한
더럽혀진 이브를 품에 안고
모방으로 눈 뜨는 창조에의 의지
여섯 번째 손 도구를 들어
선악나무 열매를 따 먹는다.
아. 이 장(場)은 낯선 이 세계내(世界內)
전쟁과 공해로 죽어갈
소멸하는 오늘
직립 이후 문명(文明)한 내 모습.

불의 화염검 생명나무

거룩한 안식의 날

거룩히 변화한 영(灵)의 사람

핵(核)의 불씨로 분향하며

일곱 번째 손 마음의 여의봉을 들어

지혜의 감과(甘果)를 따먹는다.

아. 이 장은 초과학의 날

하나님 어머니의 때

진화의 극점(極点)에서 탄생될

현존하는 내일

영립(灵立)한 탈문명한 내 모습 〈진화사(進化史)〉

4.

봄의 가을에
원시의 황무지에 자생(自生)한 아담
청동(青桐)의 때
의식의 눈을 뜨는 역사의 여명.
혈거(穴居)하는 만인(蠻人)들 가운데서
번갯불에 감전되어 세뇌당한
돌연변이한 신인(新人)
이 사람 아담을 보라.

여름의 가을에
원죄의 심전(心田)에 도래한 예수
신약의 때
속죄양을 잡는 골고다.
오염된 죄인들 가운데서
메시아의 사명을 자각한
돌연변이한 신인(神人)
이 사람 예수를 보라.

가을의 가을에
부조리한 세계내(世界內)에 회귀할 하나님.
수렴의 때

포화 속에 저무는 현대의 일몰(日沒)
이성을 잃는 인류 가운데서
영(灵)의 시대를 개명할
돌연변이 할 지인(至人)
이 사람 하나님을 보라.

잠시 후 겨울은 오리
서풍에 조락(凋落)하는 육과(肉果)들
얼어붙은 무(無)의 표정
아. 순백의 삼동(三冬)은 오리.

육체는 헌 수의(壽衣)처럼 낡아지고
두루마리처럼 말리는 현세(現古)의 하늘.
냉각된 지표(地表) 위에 초설(初雪)이 내릴 때

종교도 예언도 폐하고
사상도 방언도 끝이고
국가도 민족도 사라지고
지식도 사상도 무익하게 되고
조용히 성서(聖書)의 막(幕)은 닫치리.

5.

번개여.
도끼가 되어
날 선 도끼가 되어
굳은 갑각(甲殼)으로 닫힌 이 머릿골 내리 패소서.
안으로 파고들며 직관하는 사고
두뇌 속 한 핵(核) 각(覺)의 인자(因子)를 때려
신비한 능력을 방출시켜 주소서.
오. 대원(大願, 큰 바람)은
검은 갑각(甲殼)으로 덮힌 이성의 원광(原鑛)
속히 개발될 날을 기다립니다.

번개여.
비수(匕首)가 되어
이(利, 날카로운)한 비수가 되어
척추로 뻗어 내린 이 신경을 내리 쪼개소서.
밖을 향해 열린 행동하는 지성
뇌간(腦幹)을 따라 흐르는 전류(電流) 심장의 피를 회전시켜
무한한 정열을 가동시켜 주소서.
오. 열망은
연한 육(肉)으로 둘러쌓인 중추의 계(系)
속히 점화될 날을 기다립니다.

6.

번개여.
이 고뇌의 머릿골을 쪼개라
빛나는 새 영감을 주입(注入)하라
나는 소인(小人)을 끝없이 연민 하노라.
신의 그물을 벗어나서
내가 지인(至人)으로 실현하기까지
하늘은 몸부림치고 천둥은 울어야 한다.

화산이여.
위대한 정신의 화무(火霧: 불안개)를 내뿜어라
뜨거운 용암이 죄를 매몰하라
나는 속물(俗物)을 끝없이 연민하노라.
성인(聖人)의 그물을 벗어나서
내가 초인으로 도약하기까지
청산은 몸부림치고 불꽃은 폭발해야 한다.

지진이여.
굳은 가치의 밑바닥을 흔들어라
소리없이 무너져 내리는 모든 것
나는 천민(賤民)을 한없이 연민하노라.
사상의 거미줄을 벗어나서

내가 진인(眞人)으로 비상하기까지
땅은 몸부림치고 바다는 넘실거려야 한다.

질풍이여.
큰 숨결 새 바람이 되어 불어오라
공해로 오염된 대기를 환기할 신풍(新風)
나는 말인(末人)을 끝없이 연민 하노라.
기계의 거미줄을 벗어나서
내가 영인(灵人)으로 고양(高揚)되기까지
바람은 몸부림치고 나무는 흔들려야 한다.

7.

〈사람 농사(農事)〉
이 거룩한 도(道)의 벼리를 아는가?
오늘도 홀로 심고(心苦)하며
밤과 낮 쉬지 않고 일하시는
무위(無爲)의 농부.

〈농(農)은 천하(天下)의 대본(大本)〉
이 거룩한 신의 말씀을 듣는가?
오늘도 고요히 묵상하며
지심(至心)으로 밭 갈고 씨 뿌리는
유정(有情)한 성인(聖人).

따. 여섯 밭
흙과 바람과 혈맥(血脈)과 도연(道緣)따라
고루 심어진 오곡의 종자
하나님의 영들.

비나이다. 풍년.

8.

모든 존재들은 곤히 잠자며
현상(現象)의 밭에 나란히 누워
열린 미래를 향해 큰 꿈을 꾼다.

바위의 원(願). 나무를 꿈꾸고
나무의 아지(兒支). 학을 꿈꾸고
원숭이의 몸짓. 사람을 꿈꾸고
사람의 사고, 초인을 꿈꾼다.

이승잠 저승잠 엇바꿔 자며
화사(花蛇)에 휘감겨 가위눌려도
진수렁 어수선한 잠자리에서
환한 화서(華胥)씨의 길몽[113]을 깨면
드디어 나는 초인이 되어 눈을 뜨리.

바위의 잠에서 사람의 잠까지
사람의 일몰에서 초인의 아침까지
나는 꿈을 먹고 살아온 꿈 꾸는 존재.
무덤 속 마지막 한잠을
하나님이 흔들어 깨우시리.

---

113 화서(華胥)씨의 길몽 : 화서씨(華胥氏)가 꾼 좋은 꿈이야기. 옛날 중국의 황제(黃帝)가 낮잠을 자다가 꿈에 화서(華胥)라는 나라에 가서 그 나라의 선정(善政)을 보고 깨어나 깊이 깨달았다는 고사에서 온 말.

9.

큰 잠 한 번 깨면
백만 년 흘러간 세월
아. 신비 그 자체가 되어
나는 소리없이 눈을 뜨리.

몇천 번 잠들었다 깨었던가?
자고 깰 때마다 벗은 껍질들.
생명의 뼈가 누운 대지에
퇴색한 언어와 개념들이
무심(無心)한 바람결에 조락(凋落)하리.

무주공산(無主空山) 빈 무덤 속에
마지막 탈을 감추기 위하여
상(喪)한 내 육체는
종교의 수의(壽衣)를 입고 누워서
부활의 길몽 환히 꿈꾸리.

잠시 백만 년 후
사고를 뛰쳐나온 무상(無上)한 해탈.
영원히 깃을 치는 각(覺)이
순결한 고요에 자리하여
한마음 편히 쉬리.

10.

잡힐 듯 보이는
저 고요.

걸음을 재촉하자
이 마지막 여로(旅路)
꾸불꾸불 사행(蛇行)한 길을
홀로 톺아(몹시 힘들게) 간다.

흘러 백만 년
앞 세월 즈믄('천'의 고어) 고개 넘으면
무량(無量)한 정토(淨土).

빈집
쌍닫이 대문(大門)이 열리리.

11.

음의 영역을 혁신한 트란지스타 석(石)
빛의 영역을 혁신한 레이저 광선
불의 영역을 혁신한 원자력의 불꽃
영(靈)의 영역에 그 무엇이 개발될까?

소인들 가운데서 뛰어나신 공자
중생들 가운데서 뛰어나신 여래
죄인들 가운데서 뛰어나신 예수
말인(末人)들 가운데서 그 누가 뛰어날까?

제신(諸神)들 가운데서 으뜸가는 제우스
원리(原理)의 하늘에서 으뜸가는 브라만
역사의 하늘에서 으뜸가는 야웨
무(無)의 하늘에 어떤 님이 나타나실까?

12.

길을 비킵시다.
내 뒤에서 빛나는 흔 사람이 오고 있습니다
우리들은 성전에 오르는 대리석 층계
우리들의 굳어버린 석두(石頭)를 밟으면서
지금 그 분은 지성소에 오르고 있습니다
새날 평화의 문을 열기 위하여.

길을 비킵시다.
내 뒤에서 위대한 흔 사람이 오고 있습니다
우리들은 각(覺)의 최면술에 걸린 씨알
우리들의 무지와 무력을 꾸짖으며
지금 그 분은 공중의 권세와 싸우고 있습니다
자유의 깃발을 게양하기 위하여.

길을 비킵시다.
내 뒤에서 거룩한 흔 사람이 오고 있습니다
우리들은 낡은 지층에 묻칠 화석
우리들의 촉루(髑髏)와 묘지를 디디고
지금 그 분은 대지 위에 서 계십니다
영(灵)의 시대를 개명하기 위하여.

길을 비킵시다.
내 뒤에는 영원한 흔 사람이 오고 있습니다
우리들은 선악과를 따먹은 죄인
우리들의 신화와 종교를 불사르고
지금 그 분은 생명나무 아래 앉아 계십니다
영생의 열매를 따 주기 위하여.

과학과 만나 영(靈)을 불어 넣으시려고
자유와 만나 자율을 얻게 하시려고
인간과 만나 세계심전(世界心田)을 개발하시려고
하나님과 만나 온전한 예배를 드리시려고
창조적 진화의 법륜(法輪)에 높이 앉아서
소리 없이 조용히 오고 있습니다.

모리아 산에서 먼 혈대(血代)를 바라보던
아브라함의 믿음으로 나는 제사 합니다
비스가산에서 약속의 땅을 조망하던
모세의 심정으로 나는 기도 합니다.
시온산에서 임마누엘을 고대 하던
이사야의 열심으로 나는 예언 합니다.
거친 빈 들에서 외치던 마지막 사람

요한의 성난 음성으로 나는 증언합니다.

길을 비킵시다.
내 뒤에서 한떼의 신민(新民)[114]이 오고 있습니다
내 뒤에서 새날의 전체가 도래하고 있습니다
내 뒤에서 거룩한 지인(至人)이 회귀하고 있습니다
내 앞에서 영원한 하나님이 오고 있습니다.

---

114 신민(新民) : 민중을 새롭게 한다는 의미로 『대학』의 삼강령중 하나. 왕양명은 '친민(親民)'
    으로 해석하나, 주자는 '신민(新民)'으로 해석함.

13.

하나님은 영이시다.
수레여! 더 가까이 더욱더 가까이
하나님 권(圈)으로 진입하기까지
쉬지 말고 멈추지 말고 건행(健行)[115]하라
이 썩을 육체를 영으로 고양(高揚)하라
육은 무익하다
신령과 진리로 예배하오리.

하나님은 빛이시다.
수레여! 더 가까이 더욱더 가까이
하나님 권으로 진입하기까지
쉬지 말고 멈추지 말고 건행(健行)하라
이 무명(無明)한 마음 닦아 빛나게 하라
어둠이 퇴각한다
날빛 찬란한 해 얼굴 찬양하오리.

하나님은 참이시다.
수레여! 더 가까이 더욱더 가까이
하나님 권으로 진입하기까지

---
115 건행(健行) : 하늘의 건실한 움직임. "천행건 군자이자강불식(天行健君子以自强不息)". 『역(易)』건괘(乾卦)·상전(象傳).

쉬지 말고 멈추지 말고 건행(健行)하라
이 실존에서 배우의 가면을 벗겨라
거짓은 무능(無能)하다
영력(灵力)과 의지로 행동하오리.

하나님은 말씀이시다.
수레여! 더 가까이 더욱더 가까이
하나님 권으로 진입하기까지
쉬지 말고 멈추지 말고 건행(健行)하라
모음과 자음이 교향하는 음악
독백은 그만 두자
고요와 관상(观想)으로 예배하오리.

하나님은 사랑이시다.
수레여! 더 가까이 더욱 더 가까이
하나님 권으로 진입하기까지
쉬지 말고 멈추지 말고 건행(健行)하라
자유한 영은 사랑의 화신(化身)
원수는 없다.
투명한 고독으로 사랑하오리.

제 7 장
새붉이여 새붉이여 새붉이여

1.

누가 성인(聖人)의 머리를 디디고 그를 초극할까?

고성(古聖)들은 그 문하에서 배운 후생이 스승을 떠나 자기 자신으로 돌아가 자성을 개발하여 지인(至人)으로 돌변하기를 바라고 있다.

참사람은 낚시를 던지지 않는다.

참사람은 그물을 짜지 않는다.

참사람은 함정을 파지 않는다.

소인(小人)들이 배운 것은 무성한 잎파리와 꽃.

소인들이 포식한 것은 꼬리와 껍질뿐.

소인들은 낚시를 삼키고 그물에 걸려들고 함정에 빠진다.

옛님들은 소인들이 스승을 배신하고 팔아먹고 곡사(曲士)로 전락하여 아세(阿世, 세상에 아첨)할 것을 환히 알고 있다.

환히 알고 있으면서 소인들과 대화하고 가르치는 뜻은 무리 중에서 스승을 앞질러 갈 참사람을 기다림이니

누가 이 크신 비밀을 알겠는가?

고성(古聖)들은 뒤에 오실 빛나는 후생을 기다리고 있다.

소인들의 작희(作戲, 방해)에 대도(大道)가 가리워질 때

옛 성인(聖人)의 문하에서 참사람이 일어나 스승을 구해 내고 대도(大道)를 밝히 드러낸다. 이런 사람을 지인(至人)이라 한다.

2.

새붉이여

참사람은 자기에게 심취하고 외경(畏敬)하고 추종하는 것을 바라지 않는다.

모든 사람이 자기 자신에게로 돌아가 자유하기를 바란다.

소인은 성인(聖人)을 번거롭게 하여 누(累)를 끼친다.

소인은 성인(聖人)에게 기생하여 붙어살이를 하며 무위도식(無爲徒食)한다.

성인(聖人)은 그 문하에서 기라성같은 제제다사(濟濟多士, 재주많은 여러 선비)가 배출되기를 바라지 않는다.

왜 그런가?

재주꾼은 대인(大人)이 아니기 때문이다

난해한 철학은 관념의 사희(思戲, 생각놀이)

동문(東問)에 서답(西答)하는 선문답(禪問答)도 마음의 군더더기 일심(一心)과 여래장(如來藏).

유현(幽玄, 아득하게 깊은)한 골 안에서 산수(山水)와 노송(老松)과 백운(白雲)과 만월(滿月)을 농(弄)하며 유유자적하던 조사(祖師)들은 역사의 변두리에 서성거린 한인(閑人, 한가롭고 일 없는 사람)들이었다.

신(神)과 사상(思想)

사색의 상아탑 속에서 주의를 양산해 낸 철인들은 역사의 가운데 선 전범자(戰犯者)들이었다.

새붉이여

마음을 농(弄)하지 말고 신을 희(戱)하지 말라.

소인은 한가하면 헛된 공상을 한다.

선문답과 신학도 고독을 잘못 소화한 소인들이 앓던 암(癌)이며 염(染, 찌꺼기)이며 벽(癖, 버릇)이 아니던가?

진여(眞如)한 마음은 몇몇 고덕(高德)과 운객(雲客)들의 전유물(專有物)이 아닌 민중 전체의 범심(凡心, 바탕마음)이 된다.

지금이 바로 그때이다

3.

소인은 도를 편식하며 성인(聖人)의 말씀에서 맛을 찾는다.
채근(菜根)의 담백함과 감로(甘露)의 담담(淡淡)함을 잊고 〈공작새의 혀〉와 〈용의 간〉을 맛보려 한다.
하늘은 그 사람됨의 식성을 보고 소인과 참사람을 알며 그 터 밭에 씨를 심는다.
까다로운 식성과 기이한 맛을 찾는 편식은 소인들의 성정이니 이들과 대도의 성찬(聖餐)을 어이 함께 먹을까?
돌을 들어 이도(異道)를 치며 혈기와 신경질로 이론(異論)을 정죄하고, 아집에 사로잡혀 자도(自道)를 궤변하고, 다언(多言)과 게(蟹)거품으로 자론(自論)만을 내세워 고집하고 드디어 교만과 살기가 등등하니 이들과 새날의 대도(大道)를 어이 담소(談笑)할까?
통로가 막히고 대화의 문은 닫혀 동록 쓴 문틈으로 머리 푼 귀신들만 출입한다.
기러기 울고 풍악(風岳)이 불붙은 신령한 가을날
차(茶) 들고 국화를 보며 망월(望月)을 즐기자고 초대장을 보냈더니 날아든 낙엽에 가로되
〈종교가 다르고 당이 반대하니 갈 수 없노라〉고…. 허허허.
새붉이여
이 미개한 종교쟁이들과 이데올로기의 병자들을 무슨 능력으로 신유(神癒)할꼬?
너는 대무(大巫)의 식성, 풍류의 도락(道樂)으로 하늘이 내리신 성

인(聖人)들을 달게 잡아 먹고 지인(至人)의 위장으로 소화하라. 삭임질을 잘하면 큰 혼이 성장하는 자양(滋養)이다.

예수도 잡아먹고, 노자도 잡아먹고, 석가도 잡아먹고, 공자도 잡아먹고, 조로아스타도, 맑스도, 모택동도 잡아먹고 똥 한번 시원하게 누고 방귀 한번 크게 뀌고 웃음 한번 찢어지게 웃자.

소인들이 범람하는 세상. 조무래기들이 난장판을 치는 세계사의 네거리에서 이 허무의 심연, 혼돈된 하늘이 무너 앉도록 가가대소(呵呵大笑)하자.

4.

옛 성인(聖人)들은 죽은 화석이 아니고 그 말씀은 사문서(死文書, 죽은 문서)가 아니다.

성인(聖人)은 오늘에 살고 있으며 그 말씀은 새 무리를 일으키는 산 능력이다.

성인(聖人)은 어제 죽은 듯하나 오늘에 살고있는 혼이며 영원한 오늘을 향해 오고 있는 내일의 정신이다.

소인은 성인(聖人)의 화석을 만지작거리며 사문서를 뒤적거리면서 사복(私腹)을 채운다.

소인의 학문은 그 작은 심기(心器) 때문에 넘쳐 범람한다.

그 기울어진 저울 때문에 옹산(甕算: 실속없는 계산)으로 잣대질한다.

그 미개한 안목 때문에 장구(章句)에 사로잡혀 남을 정죄한다.

그 흐트러진 장기(匠氣)때문에 함부로 성인(聖人)을 도장(塗裝)한다.

또 경서를 읽는 독법을 몰라 선무당 모양 멋대로 예언하려 든다.

스스로 어리석어 스승을 자처하며 되잖게 지도자연(然, 인척)하여 신민(新民)을 웃긴다.

천명(天命)도 알지 못하는 주제에 광적 사명 의식으로 함부로 날뛰며 씨알을 다스리려 덤빈다.

지인(至人)이 오시는 뜻은 엉긴 매듭을 풀고, 가시울타리를 헐고 벽을 뜯고 귀신을 쫓고 가난한 자에게 기쁜 소식을 전하여 신민(新民)함이어늘 도(道)를 훔친 소인들이 함부로 날뛰는구나.

인민은 도탄에 빠지고 세상은 요란하고 귀신들이 우쭐대면서 개판을 치는구나.

아! 하늘은 왜 잠잠하며 참사람은 왜 나타나지 않고 중도(中道)는 왜 가리워진 듯한가?

허지만 두고 보라.

하늘은 성난 천둥으로 땅을 뒤흔들고 참사람은 번개처럼 오시고 중초(中超)한 대도(大道)는 쾌청한 하늘처럼 탁 트이리.

5.

참사람이 다스리면 신민(新民)은 창조적 교양인으로 고양(高揚)된다.
소인이 다스리면 씨알은 퇴영적(退嬰的) 우상으로 퇴화한다.
사람다운 사람은 심전개발의 농법(農法)을 가르쳐 삼십배 오십배 백배의 결실을 추수한다.
소인은 씨알에게 최면술을 걸며 법망을 짜 늘려 투망질로 재미본다.
창조적 교양인은 인격과 품위를 갖춘 영적 신사들이니 곧 하늘나라 사람이다.
우상은 노예이니 이들의 집단은 획일화된 돼지우리 곧 세상나라이다.
참사람은 하염없이 다스리며 그 공을 씨알에게 돌린다.
〈초월적 무지(無知)〉와 〈해탈적 무심(無心)〉은 창조적 교양인들의 심성이니 공동의 원탁에 모여 앉아 한 떡을 뗀다.
한머리 도(道)의 유기체인 형제들은 일체감을 가지며 그 치허(致虛)한 심기(心器)에 개성이 있는 사랑을 담아 전체적 사랑으로 균형·통일·조화를 이룬다.
깬 씨알 전체가 역사의 성인(成人)이니 이 성인(誠人)들이 곧 성인(聖人)이다.
새붉이여
가증한 우상 숭배를 하지 말고 권력자의 소상(塑像)을 만들지 말고 소인들의 초상을 그리지 말라.
대통령과 주석과 수상의 어록을 암송하지 말고 하나님의 말씀을 심송(心誦)하자.

성개성(聖個性)들마다 말씀이 수육(受肉)된 실존들이니 우리 미적(美的) 나신(裸身)으로 거룩한 지성소에서 예배하자.

6.

뉘 성인(聖人)들과 마주 앉아 해학과 골계(滑稽, 익살)를 즐기실까?
성인(聖人)의 문하에서 배워 앞서가는 사람이다.
지인(至人)의 유머는 신민(新民)들의 심령을 윤택하게 하며 그 영혼을 살찌우고 그 정신을 유쾌하게 한다.
소인들의 해학은 음(淫)에 흐르고 그들의 재담(才談)은 난(亂)에 흘러 안색이 변한다.
자유한 곳이 아니면 참 유머는 없다.
소인이 어찌 유머를 알까?
세상 권세를 잡은 가인(假人)들은 근엄한 얼굴로 위장하며 과묵한 척하여 그 무지함을 숨긴다.
새붉이여
하늘적 유머는 비존(飛存)들의 새로운 미학이며 교양이니 우리 가볍게 음담을 즐기면서 호계교(虎溪橋)[116]를 건너자.
호계교를 넘어서 세속도시로 오라.
냉담하고 살벌하고 감시받는 이 세상에서 우리는 대도(大道)의 유머를 전파하자.
유머를 알지 못하는 저 바리새인들과 당원들은 안면 근육이 퇴화되어 굳어진 자들이니 경건한 허세와 근엄한 표정과 위선의 꾸밈

---

[116] 호계교(虎溪橋) : 중국 진 나라의 불교의 혜원법사가 여산의 동림사에 은거하고 호계(虎溪)를 건너지 않기로 했으나 찾아온 도교의 도연명, 유교의 육수정을 배웅할 때 무심코 건너버려 세 사람이 크게 웃었다는 다리.

과 오만한 행동과 외식하는 말로 큰 기침을 하고 있다.

우리들의 음담(淫談)에 귀를 막고 씨알의 상소리를 외면하고 달팽이 집안에서 법률을 암송하고 개헌을 구상하고 있다. 씨알을 웃기는 저 너절한 광대들을 하늘은 큰 빗자루를 들어 청소하리라.

성도(成道)한 신사들이여, 중화(中和)의 멋쟁이들이여.

오늘 성인교향악단(聖人交響樂團)의 창립공연이 있으리니 하늘 초대장을 받고 그대들은 품위있는 요조숙녀(窈窕淑女)[117]를 동반하시압.

수로부인과 선덕여왕과 황진이와 허난설헌과 다말과 라합과 룻과 밧세바[118]와 막달라 마리아[119]를 동반하시압.

---

117   요조숙녀(窈窕淑女) : "아리따운 아가씨는 군자의 좋은 짝"이란 의미로 요조숙녀(窈窕淑女) 군자호구(君子好逑)라고 함. 『시경(詩經)』, 「주남(周南)」.

118   다말과 라합과 룻과 밧세바 : 전통신학에서 사음녀(四淫女)로 해석하고 있다. 그러나 저자는 다말(과부형, 창세기 38장 1절 - 30절)과 라합(기생형, 여호수아 2장 1절-24절)과 룻(열녀형, 룻기 1장 4절)과 밧세바(유부녀형, 사무엘하 12장 24절-26절)를 아브라함의 족보를 이어준 도(道)의 이방(異邦) 여인으로 평가하고 있음. 변찬린, 『성경의 원리 上』, 한국신학연구소, 2019, 347-350. 다말은 『성경의 원리 中』, 174-178, 라합은 『성경의 원리 中』, 327-330, 밧세바는 『성경의 원리 中』, 439-445, 466-467.를 참고할 것.

119   막달라 마리아 : 전통신학에서는 막달라 마리아를 창녀로 인식하나 저자는 도의 여인으로 재평가함. 변찬린, 『성경의 원리 下』, 한국신학연구소, 2019, 316-323.

7.

참사람은 용인(用人)의 도를 환히 알고 있다.

참사람은 구세(救世)의 도와 진리의 고담(高談)을 설교하기에 앞서 그 신비한 인간성과 그 훈훈한 인간미로 사람을 반하게 만든다.

참사람의 체온은 강렬한 방사선 모양 민중의 동심(凍心)을 녹혀 살기를 제하며 화기애애한 분위기를 만든다.

참사람의 체취는 섣달 사향(麝香)노루 모양 씨올의 고심(固心, 유연하지 않은 굳은 마음)을 부셔 살기(殺氣)를 멸하며 사랑의 묘약을 발산한다.

소인은 용인(用人)의 방술(方術)을 알고 있다.

가인(假人)들은 방대한 이론체계와 치밀한 조직과 선동하는 구호와 당의 어록과 비밀경찰의 부릅뜬 눈과 정보원들의 노리는 감시로 복종과 충성을 강요한다.

소인은 음흉하여 최면을 걸며 미약(媚藥)을 뿌려 여색을 즐기며 수표를 뿌리면서 인민의 입을 틀어막고 술을 먹는 자유를 주어 착각을 일으키게 한다.

새붉이여

네가 천하를 건질 경륜을 대각하고 난세를 바로 잡을 활인지계(活人之計, 사람을 살릴 수 있는 계획)를 비득(祕得)했다 스스로 자신할지라도 백성을 반하게 만들 광심(光心)과 영력(灵力)이 없으면 청산에서 환속하지 말라.

내 충언을 듣지 않고 진리를 파지(把持)한다고 함부로 떠벌리면

약장사가 되고 마술사가 되어 드디어 소인들의 개밥이 되어 피살당하리.

현학적인 취미로 새날의 대도(大道)를 논하지 말고 씨알을 우롱하지 말라.

하늘이 언제 말쟁이들에게 그 인(印)을 맡겼던가? 사명이 있다고 떠들며 날뛰는 위각자(僞覺者)를 하늘과 사람은 믿지 않으리.

소인들의 양기(陽氣)는 입으로 뻗혀 교묘한 화술로서 간지러운 우민(愚民, 어리석은 민중)들의 귀를 긁어주려 한다.

8.

새붉이여

참사람은 종교의 만지(蠻地, 수렁)에서 민중을 새롭게 한다.

참사람은 불신의 병에 걸린 인민을 치유한다.

미신과 광신과 맹신의 전염병이 창궐하는 천하. 이데올로기의 역신(疫神)[120]이 침범 못하는 무균(無菌, 균이 없는)의 장으로 신민(新民)을 인도한다.

참사람은 신비한 능력과 참된 훈련으로 씨알을 발심(發心)시켜 창조의 의욕을 갖게 하며 역사의 한 가운데 서게 한다.

소수적 지배자에게 얽매여 창조적 의욕을 상실한 씨알을 성령의 신풍(新風)으로 진작시켜 대생명에의 합창을 연습시키는 참사람의 능력과 지혜를 저 권력의지에 미친 가인(假人)들이 어찌 흉내내랴?

하나님의 일월이 솟는 새날.

역사의 성인(成人)은 참 믿음으로 비로소 참사람과 만난다.

종교의 막은 닫히고 영(靈)의 시대가 도래한다.

이데올로기의 괴뢰며 주구인 저 권력의 여우들은 그 미개한 마력과 야만한 주술을 거두라.

사람의 정신과 영(靈)이 초인으로 고양되는 아침. 자유의 광장에는 지천태(地天泰)의 태극기[121]가 게양되어 바람에 나부끼고 평화의 동산에는 무궁한 꽃들이 만발하리라.

---

120 역신(疫神) : 전염병을 담당한 신령.
121 지천태(地天泰)의 태극기 :『역』의 육십사괘(六十四卦)중 열 한 번째 괘(卦) . 조화롭고 태평한 세상을 가리키는 괘상. 태극기의 태극의 괘상이 지천태임.

9.

참사람은 홀로 도통하지 않는다.

씨알 전체가 도통하길 바라며 모든 씨알이 도통한 맨 나중에 참사람은 도통하여 첫 열매가 된다.

지인(至人)은 씨알의 눈이 밝아지고 귀가 열려 주인 노릇을 제대로 하는 영(灵)의 시대를 바라보면서 대원(大願)을 발한다.

소인은 옛 성인(聖人)이 홀로 도통했다고 착각하고 있으며 고성(古聖)들에게 신통한 마력이 있는 듯 오해하고 사심에 사로잡혀 괴력을 탐내고 난신(亂神)의 힘을 바란다.

옛님들은 숲속 오솔길에서 도통(道通)하여 몇몇 고덕(高德)들에게 심법을 비전(祕傳)한 듯하나 오늘의 성인(聖人)들은 고속도로에서 도통하여 그 심법을 씨알 전체에게 개봉한다.

그러므로 씨알을 앞질러 도통을 시도하는 저 파렴치한 소인들이야말로 위각(僞覺)에 사로잡혀 광자(狂者)가 될 것이다.

참사람은 고심(固心)이 없으며 씨알 전체의 범심(凡心)으로 그 마음을 삼아 새 아들을 낳는다.

참 도통이란 몇몇 종교꾼들의 오솔길이 아닌 잠을 깬 백성의 고속도로(高速道路).

참사람은 이 뜻을 환히 알기에 씨알과 더불어 피땀으로 도로공사에 참여하여 드디어 대도(大道)를 개통한다.

소인은 길 없는 험로에 씨알을 짐승처럼 몰고 채찍질하며 얼굴을 붉혀 호령한다.

10.

참사람은 씨알을 가르치지 않는다. 씨알의 마음 속에 숨어있는 진리의 씨를 발심시켜 스스로 깨닫게 한다.

참사람은 많은 말씀을 하실 듯하나 한마디 말씀도 하지 않는다.

씨알의 심정에 심어진 옛 말씀을 기억나게 하여 씨알 스스로가 제 뜻으로 제소리를 말하게 한다.

소인은 하찮은 소지(小知)와 잔소리와 군더더기 말로 장광설(長廣舌)하며 씨알을 개조하려 든다.

아으, 권력에 미친 개들이여.

담배씨 만큼이라도 명상할 줄을 알아라.

겨자씨 만큼이라도 도를 닦을 줄 알아라.

스탈린이나 히틀러나 동조(東條)[122]에게서 배울 생각을 말고 예수와 노자와 석씨(釋氏, 석가모니)와 중니(仲尼, 공자)에게서 좀 배우려무나.

새붉이여

그대 묵여뢰(默如雷)하라.

소인의 선전은 허위이며 그 연설은 선동이다.

소인의 구약(舊約)은 공약(空約)이며 그 신약(新約)은 허약(虛約)이다.

참사람은 붓을 들어 책을 저술하지 않는다.

---

122 도우죠히데키(東條英機, 1884 ~ 1948) : 일본 출신의 군인, 정치가로서 태평양 전쟁의 전범.

오직 씨알의 심비(心碑)에 흔적없는 사랑의 연문(戀文)을 남길 뿐.
소인은 엉터리 치세의 도와 지도자론과 어록을 저술하여 신문에 광고하고 라디오 방송으로 나팔을 불며 텔레비젼 인터뷰를 즐긴다. 소인은 부허(浮虛, 미덥지 못한)한 인기에 들뜨며 유행에 바람난다.

오늘 세계를 주름잡는 저 정치가들의 영적 연령은 아직 젖내나는 미성년이며 대도(大道)의 문 밖에 버림받은 기아(棄兒: 버림받은 고아)들이다.

백가(百家)가 쟁명(爭明)하는 때

백화(百花)가 제방(齊放)하는 때

지인(至人)은 풍년 속 기근에서 씨알을 먹이시리.

대인(大人)은 홍수 속 갈증에서 씨알을 해갈하시리.

아. 천하에 기근이 심하고 염병이 창궐하는구나

비로소 참사람은 그 거룩한 입을 열어 말씀을 설하시고 화필(火筆, 불로 만든 붓)을 들어 씨알의 심령에 썩지 않는 화서(火書, 불로 된 글)를 쓴다.

11.

지인(至人)은 할 일이 많을 때 이 세상에 온다.
대인(大人)은 어둠과 혼돈 속에서 인류가 방황할 때 대각(大覺)을 이룬다.
창세 이래 현대처럼 할 일이 많은 때가 있었던가?
유사 이래 지금처럼 혼돈한 때가 있었던가?
이 종말의 장(章)이야말로 참사람이 올 시간이며 오셔서 대각을 이룰 마당이 아닌가?
새 계시가 내리리.
아. 고성(古聖)들도 현대에 오셔서 대각을 이루시길 얼마나 바라셨던가?
새붉이여.
저 인구가 폭발하는 활화산을 보아라.
영계(靈界)의 전 존재가 〈참사람〉으로 성도(成道)하여 빛나는 성개성(聖個性)으로 하나님과 만나기를 소망하는 때가 곧 현대이다.
도솔천에서 바늘을 던져 땅의 겨자씨를 명중하는 인연[123]이 아니면 어찌 부활하여 영(靈)의 날에 회귀하랴?
옛 님들도 일대사인연(一大事因緣)으로 이 세상에 오셨다 귀천하

---

123 섬개투침(纖芥投針)를 말한다. 불법을 만나기가 어려움을 비유하는 말이다. 그러나 저자는 영의 시대를 맞이할 인연이 아주 드물다는 의미로 사용함. 이외에도 『열반경』에는 '바다 가운데 있는 눈 먼 거북이가 백년에 한 번 물위로 올라오는데 그때 바다 위를 떠다니는 거북이 목이 들어갈 정도의 구멍이 뚫린 널빤지에 머리가 들어가게 되는 것처럼 불법을 만나기 어려운 기회를 맹구우목(盲龜遇木)라 함.

셨거든 하물며 오늘처럼 난사(難事, 어려운 일)가 많은 때 어찌 하늘이 무심할 손가?

반드시 대성(大聖)이 출세(出卋)하시리. 마땅히 참사람이면 씨알과 더불어 하나님의 물으심에 대답해야 하며 마땅히 대각을 이루어 이 무명을 깨뜨려야 한다.

새붉이여

고르디우스의 매듭[124]을 풀 지인(至人)이 도래하시리.

사상의 미궁 속에서 방황하는 씨알에게 아리아드네의 실을 주실 여인[125]이 현현하시리.

---

124 고르디우스의 매듭 : 고대 소아시아의 프리기아 왕국의 고르디온에 있었다는 전설의 매듭. 알렉산드로스 3세가 매듭을 칼로 베어 끊어 '아시아의 왕'이 되었다는 전설로, 풀기 어려운 일을 담대한 발상으로 해결한다는 의미를 말함.

125 아리아드네의 실을 주실 여인 : 아리아드네는 테세우스 왕자가 괴물을 퇴치하기 위해 미로에 들어갈 때 실타래를 주어 탈출할 수 있게 도와주었다는 신화로 위험한 상황을 모면할 수 있는 열쇠를 준다는 의미를 말함.

12.

고성(古聖)들은 하늘에서 〈성인총회〉를 열고 있다.
소인은 땅에서 〈유엔총회〉를 열고 있다.
땅은 하늘의 천기(天機)와 미동(微動)을 은밀히 엿보았던가?
땅은 성인(聖人)들의 대화를 은밀히 도청했던가?
황색 오랑우탕과 백색 침팬지와 흑색 고릴라들이 유엔총회를 소집하여 안전보장이사회를 열고 있다.
인면수심(人面獸心)한 이성의 짐승들이 모이는 곳.
흰 주구와 붉은 괴뢰들의 시장이여.
현대는 회의의 시대. 분열하고 협상하라.
현대는 매스콤의 시대. 수신하고 발신하라.
새붉이여
그대는 각(覺)의 안테나를 높이고 유엔 소식이 아닌 하늘나라 성인(聖人) 총회의 소식을 경청하라.
우주의 주파에 맞춰 각의 채널과 다이알을 돌려라. 그러면 아뇩다라삼막삼보리[126]를 이루시리.
무상정각(無上正覺)을 이루어 씨알을 새날의 성찬(거룩한 잔치)에 초대하렴아.
오늘의 시운(時運)은 은밀한 하늘의 모사(謀事, 큰 일의 도모)를 고요히 땅이 엿듣고 씨알이 성사(成事, 일을 이루다)해야 한다.

---

126 아뇩다라삼막삼보리 : 우주의 최상의 깨달음의 지혜를 일컫는 불교용어.

새붉이여

도청(盜聽)하고 도각(盜覺, 깨달음을 훔치는)하는 저 거짓 선지자를 삼가라

도용(盜用, 훔쳐쓰는)하고 외도(外道)하는 저 적그리스도를 분별하라.

제 8 장
사람이란 무엇이냐?
십자가의 보살행, 공동의 각(覺), 사랑의 공동체

1.

이 땅에 많은 사람이 다녀간 듯하나 〈사람 비슷한 사람〉 곧 가인(假人)이었다.

〈개별의 각(覺)〉을 이루어 저마다 자기 하늘을 개명(開明)한 고성(古聖)들도 〈올 자〉의 표상과 〈오고 있는 자〉의 영자(影子, 그림자)로서 잠시 사람의 탈을 쓰고 심전개발(心田開發)의 역사(力事)를 하였다.

세계심전에 오곡(五穀)을 심으신 하나님은 그 시운(時運)을 따라 성인(聖人)을 보내어 수렴의 날을 예비케 하셨다.

역사의 장(場)에서 발생하여 땅 위에 확산한 〈종교의 종(種)으로서의 사람〉은 그 화석을 무덤 속에 매장한 존재이다.

참사람 지인(至人)은 화석이 없는 하나님의 종(種)이며 역사의 장(場)을 초극한 성차원(聖次元)에 영생한다.

참사람은 종교의 종에서 돌연변이한 〈새 종(種)〉이며 종교와 계명의 그물을 벗어나 영공간(靈空間)에 불멸한다.

옛 성인(聖人)은 죽어 그 뼈를 역사의 지층에 묻었으나 그 마음은 영(靈)의 날에 부활하여 초인으로 도래한다.

새붉이여

전파를 타고 우주에서 오는 소식이 이 암호의 해독이 아니냐?

영파(靈波)를 타고 자연에서 오는 원음(圓音)이 비밀의 번역이 아니냐?

기파(氣波)를 타고 하나님에게서 오는 기별이 이 계시의 개봉(開

封)이 아니냐?

〈사람이란 무엇이냐?〉 이 자문(自問)에 자답(自答)하는 날이 소리 없이 도래하고 있다.

너는 명징(明澄)한 정신으로 〈장(場)과 존재〉의 암호를 읽어라.

하늘이 우리에게 제출한 〈각(覺)의 과제〉를 깊이 명심하고 이 엄숙한 물음에 성실하게 대답하자.

2.

새붉이여

인간의 창조는 삼막(三幕)으로 구성된 극본이다.

형형(炯炯)한 영안(灵眼)으로 선사시대와 역사시대와 영(灵)의 시대를 열연하며 관극(觀劇)하라.

각 장(場)마다 개폐하는 서설(序說)과 종말론적인 의미를 대식견으로 관조하지 못하면 대각을 이루지 못하리.

소소(炤炤, 밝고 환한)한 심안(心眼)으로 무대에 구성된 천개(天蓋)와 천장(天障)을 뚫어보지 못하고 그 지곡(地殼)과 지층을 파헤쳐 보지 못하면 인간의 의미와 원리는 인식할 수 없으리.

선사(先史)의 종말에서 추수된 아담은 역사시대의 여명을 조망한 태초의 시조(始祖)였고 역사시대의 중추에 계시된 예수는 영(灵)의 시대를 열기 위하여 다시 오시리.

돌변한 아담적 육안(肉眼)으로 볼 때 지질시대의 기조 위에 전개된 선사의 황야에 확산된 원인(原人)들은 〈사람 비슷한 가인(假人)〉이었다.

그러므로 돌변한 참사람 지인(至人)의 법안(法眼)으로 볼 때 역사시대의 종말에 문명한 현대 도시에 밀집한 비소(卑小)한 말인(末人)들도 〈사람 비슷한 가인(假人)〉으로 보이리.

열린 미래의 장(場)에서 〈올 자〉의 차원에서 볼 때 〈참사람의 종(種)〉은 지금 비로소 창조되고 있지 않는가?

그러므로 참 각자(覺者)는 역사의 종말에서 신약의 일모(日暮)를 바라보며 산발한 머리카락을 현(絃)으로 하여 절망의 애가를 부르는 무녀(巫女)가 아닌 영(灵)의 시대의 아침을 바라보며 소망의 아가(雅歌)를 노래하는 신부이다.

새붉이여

그대는 저 비소한 신학자들의 종말론적인 유언비어에 현혹당하지 말고 환신(幻神)에 매달려 은혜를 애소(哀訴)하지 말라.

베드로를 통곡시킨 예루살렘의 닭이 홀연히 홰쳐 울리니 고요한 동방 아침의 나라가 밝아 오면 영(灵)의 시대가 개막되리.

3.

저 생명수(生命樹)를 보아라.
인간의 맨 윗가지에서 〈영(灵)의 사람〉이 분화(分化)되는 날이 속히 오고 있다.
원인(猿人)의 가지에서 돌연 원인(原人)이 분화되던 의식의 여명 모양 죄인의 가지 끝에서 신령하게 변화 받은 초인이 탄생하시리.
창조의 번갯불이 내 뇌핵(腦核)을 때려 〈죄의 종자(種子)〉를 참사람으로 개량하시리.
아. 바야흐로 영(灵)의 시대가 개명되고 있으며 지인(至人)의 날이 도래하고 있다.
하늘 향해 두 팔을 벌린 내 손에서 지인(至人)의 싹이 움트고 있다
나는 가인(假人)의 오메가이며 동시에 지인(至人)의 알파이다.
나는 아담의 막내이며 동시에 초인의 첫 열매이다.
보라. 내 뒤에서 빛나는 지인(至人)들이 오고 있다.
새 땅에 지인(至人)의 씨 한 알이 은밀히 파종될 때 낡은 죄의 가인(假人)들은 소리없이 조용히 사멸해 가리.
〈공동의 각(覺)〉을 이루지 못한 가인(假人)들은 역사의 장에서 사멸되고 영(灵)의 장이 열릴 때 변화받은 초인이 생명나무 아래 이립(而立)하시리.
낡은 가인(假人)의 사멸(死滅)은 지인(至人)이 탄생하는 의의(意

義)이다.

썩은 죄인의 종말은 초인이 창조되는 태초(太初)이다.

번개여. 내 머릿골을 쪼개라.

4.

잔나비는 다섯 손에 나무를 잡은 존재.

가인(假人)은 여섯 번째 손 도구를 쓰는 존재.

지인(至人)은 일곱 번째 손 마음의 여의봉을 잡은 존재.

다섯 손은 자연의 손

여섯 번째 손은 모방과 창조의 손

일곱 번째 손은 능력과 신비의 손.

원숭이가 도구(道具)의 장(場)과 차원(次元)을 이해 못하듯

가인(假人)도 여의봉을 잡은 지인(至人)의 날. 초문명(超文明)한 시대를 이해하지 못한다.

이 대언(大言, 큰 소식)을 뉘 알아들을까?

내 말이 하늘 기미(機微)를 누설한 망언(妄言)인가?

천민(賤民)들의 비웃음을 받을 꿈꾸는 자의 미친 예언인가?

새붉이여

다섯 손으로 과실을 따먹은 원숭이는 육(肉)이 죽었다.

여섯 번째 손으로 선악과를 따먹은 죄인은 영(灵)이 죽었다

일곱 번째 손으로 생명나무 화과(火果)를 따먹은 참사람 지인(至人)은 영과 육이 변화받아 영생하리라.

과수(果樹) 그늘 아래 하품하는 잔나비

선악수(善惡樹) 그늘 아래 명상하는 죄인

생명수 그늘 아래 안식하는 지인(至人)

이 시(詩), 이 상징(象徵), 이 암호(暗號), 이 비의(祕義)를 해독하라.

5.

원인(猿人)은 땅의 존재

그 장(場)과 차원에서 원인(原人)의 존재는 하늘나라 사람이었다.

원인(原人)은 땅의 존재

그 장과 차원에서 아담의 존재는 하늘나라 사람이었다.

죄인은 땅의 존재

그 장과 그 차원에서 예수의 존재는 하늘나라 사람이었다.

이것이 땅과 하늘을 읽는 바른 독법(讀法)이다.

전락한 가인(假人)은 이미 〈온 자〉의 현신(現身)이다.

부활한 성인(聖人)은 앞으로 〈올 자〉의 표상이다

새붉이여

우리는 〈온 자〉의 자리에서 〈올 자〉를 기다리는 노상(路上)의 존재이며

〈오고 있는 자〉를 향해 〈가고 있는 현존〉이다.

이것이 가인(假人)과 지인(至人)을 읽는 독법이다.

땅과 하늘의 해독.

죄인과 초인의 자각.

이 물음이 오늘 우리에게 제시된 〈각(覺)의 과제〉이다

어떻게 대답할 것인가?

빈 터에서 천둥이 울고 번개가 도전하는 현대.

지금 인간의 정신과 사고와 영과 자각은 〈하나님 권(圈)〉으로 진입하고 있다.

하나님의 자장(磁場)과 중력장(重力場)에 선 지인(至人)은 영원한 진태양(眞太陽)을 도는 새 혹성(惑星)이 되어 우주적 예배를 드리리.

두 중심의 타원.

점(奌) 하나님과 점(奌) 예수.

이것이 영화(靈化)된 지인(至人)이 운동할 영원한 도(道)의 궤적이다.

6.

석탄이 회진(灰盡: 재로 없어질)될 즈음에 석유가 개발되고
석유가 탕진(蕩盡)할 즈음에 원자력이 개발되듯
신의 광맥(鑛脈) 속에서 사고해 낸 종교와 사상의 불꽃이 소멸되어 갈 때
지인(至人)은 무진장한 매장량이 있는 영(灵)과 마음의 원광(原鑛)을 개발하리라.
영(灵)의 광맥은 무한으로 뻗어 영원 속에 누워 있도다.
마음의 청산에서 〈로고스 늄〉을 채굴하여 점화하는 날.
거룩한 안식의 날. 영(灵)의 시대가 개명되리.
지심(地心)에 묻힌 물적 자원이 바닥나고 뇌핵(腦核) 속에 묻힌 사고(思考)의 자료가 다하는 전야(前夜).
닫힌 벽에 비의의 문이 열리고 해탈의 출구가 열리리.
새붉이여.
정신을 개발하여 사고해 낸 종교와 과학의 백과(百果)를 보라.
영원 속에 폭죽처럼 터져 현란한 불꽃을 피운 현대문명의 야경(夜景)을 보라.
카니발 제일(祭日)모양 천만 가지 가면을 쓰고 사고의 불꽃놀이를 하는 희희낙락한 현대인을 보라.
축제가 끝나면 텅 빈 도시와 광장에는 벗어버린 가면들이 휴지처럼 뒹굴고 고독한 정인(情人)끼리 마지막 성교를 즐길 때 소리없이 조용히 역사의 막은 닫히리.

아. 죄의 낙인과 짐승의 표를 받은 인간들은 성교(性交)하면서 너절하게 사멸돼 가리.

7.

죄염(罪染, 죄에 오염)된 인류의 족보를 불사르자.
육정(肉情)으로 좇아 낳은 아담의 혈맥(血脈)과 계대(系代, 육맥(肉脈)의 세대)를 도말(塗抹, 완전히 사라지게)하자
새붉이여
우리의 시조(始祖)는 오고 있는 하나님.
아담의 혈맥(血脈)이 아닌 예수의 영맥(灵脈).[127]
아브라함과 다윗 자손 그 세계(世系) 아닌 멜기세덱[128]과 예수의 도맥(道脈)이다.
아비도 없고 어미도 없고 시작한 날도 없고 생명의 끝도 없는 평화의 왕.
이 무궁한 심맥(心脈)과 영적 계보는 바울도 이해하지 못하였다.
하물며 저 조무래기 신학자들이야 무엇을 안다고 떠벌리는고?
너 비소(卑小)한 소인은 오직 잠잠하라.
아브라함의 하늘에 멜기세덱이 나타났을 때 저 교만한 이스라엘의 심성(心性)이 어찌 멜기세덱의 비의(祕義)를 알았겠는가?
피의 종교. 제사하는 율법은 선(仙)의 도맥(道脈). 평화의 왕을 이해할 수 없었다
새붉이여

---

127 영맥(灵脈)과 혈맥(血脈) : 종교의 도맥은 '산 자의 맥'인 영맥과 '죽은 자의 맥'인 혈맥으로 구분됨. 변찬린, 『성경의 원리 上』, 한국신학연구소, 2019, 85-88.

128 멜기세덱 : 본래적인 도맥을 이은 평화의 선맥(僊脈)의 제사장으로 믿음의 조상인 아브라함에게 '산 자의 축복'을 함. 변찬린, 『성경의 원리 上』, 한국신학연구소, 2019, 77-85.

너는 분명히 대각하라.

성경 속에 비장(祕藏)된 멜기세덱과 에녹[129]과 엘리야[130]와 예수의 영맥(靈脈). 그 면면(綿綿)한 선(仙)의 맥락을 아직 누구도 채광(採鑛)하지 못한 미개발의 보고(寶庫)이다.[131]

혈대를 따라 죽은 사자(死者)의 맥을, 그 폐광(廢鑛)을 버리고 영맥을 따라 산 자의 맥을, 그 심광(心鑛)을 개발하여 영생하거라.

그러므로 너 소인들이여 종교꾼들이여.

신령한 형안(炯眼)으로 도(道)의 산맥을 조감(鳥瞰)한 각자(覺者)가 아니면 잠잠하라.

백만 년의 세월을 한 눈으로 부감(俯瞰, 높은 곳에서 내려다 봄)할 대인(大人)의 거시적 안목이 없으면 잠잠하라.

지질시대와 선사시대와 역사시대와 영(靈)의 시대를 한 눈으로 꿰뚫어 볼 능력이 없으면 잠잠하라.

죽은 아담의 묘총(墓塚)인 종교의 장.

아담이 개천(開天)한 역사시대의 하늘이 두루마리 같이 말려 가

---

129 에녹 : 하나님과 동행하여 승천한 성서적 인물. 창세가 5장 25절, 히브리서 11장 5절.

130 엘리야 : 불수레를 타고 승천한 성서적 인물. 열왕기하 2장 11절.

131 저자는 "성경은 선(僊)의 문서"라고 주장한다. 변찬린,『성경의 원리 上』제2장 도맥론(道脈論), 한국신학연구소, 2019, 64-92. 이를 김상일은 동이족의 신선사상과 성서의 부활사상을 융합하고, 이를 체계화한 것은 세계 그리스도교계의 해석 지평의 새로운 장을 열었다고 높이 평가함. 김상일, 〈한국의 풍류사상과 기독교를 선맥사상으로 융합한 사상가의 복원〉,《교수신문》, 2017.12.18.; 변찬린,『성경의 원리』의 도맥론은 The Oxford Handbook of the Bible in Korea (OXFORD HANDBOOKS SERIES), Oxford University Press (January 18, 2022)에 소개되었음.

리라.

성인(聖人)의 난곡(卵殼)이 깨질 때 날개 돋힌 자아(自我)들은 영(灵)의 시대를 개명하여 성차원(聖次元) 영공간(灵空間)으로 비상하리라.

8.

계통을 따라 화석을 나열해 보자.
지질학상으로 호모 사피엔스의 처음 원인(原人)은 소실되었으나 선행인류(先行人類)와 병행인류(竝行人類)의 화석은 남아 있지 않은가?
역사시대의 〈각(覺)의 지층〉을 발굴하고 종교의 무덤을 파헤쳐 보라. 사람의 첫 열매이신 예수의 백골(白骨)은 무덤 속에 없고 선행성인(先行聖人)들의 촉루는 지층 속에 묻혀있지 않은가? 붇다의 사리와 공구(孔丘, 공자)의 묘와 소크라테스의 비명(碑銘)과 회회(回回, 마호메트)의 뼈는 땅에 있지 않은가?
새붊이여
심맥(心脈)을 발굴하는 각(覺)의 고고학자여.
선존(先存)한 고성(古聖)들의 화석은 소멸되지 않았으나 예수의 뼈는 지층 속에서 찾을 길 없다.
시체가 없는 무덤 속의 공백.
하늘로 승천한 예수를 어찌 땅속에서 찾고져 하느냐?
〈무덤 속의 공백〉.
이 신비한 영적 아지(兒枝)에서 지인(至人)의 싹이 움터 세계심전으로 뻗어 나갈 새 날이 오고 있다.
고(苦)의 바다. 죄의 광야에 혼거(混居)하는 다종교 시대여.
퇴화하며 진화하는 종교의 종(種)들이여.
우리 다 같이 〈공동의 각〉을 이루고 〈사랑의 공동체〉를 형성하자.

새붉이여

너는 분명히 알라.

우리가 〈공동의 각〉을 이루지 못하면 저 호모사피엔스가 돌현(突現)하던 날에 선행인류와 병행인류가 소리없이 사멸해 가듯 현대 광야에 확산한 유인(類人)과 가인(假人)과 말인(末人)과 소인(小人)들도 지상에서 소리없이 자취를 감추리라.

종교의 화석으로 굳어버린 기독교와 더불어 여타의 종교들도 이 지상에서 조용히 사라지리라.

9.

새붉이여

그대는 지질시대 적막한 자연 속에 앉아 말이 없으시던 하나님의 고독을 알겠는가?

그대는 선사시대 선행인류 속에서 대화할 자 없어 독백(獨白)하시던 하나님의 심정을 알겠는가?

지성(至誠)을 다 하고 심혈을 기울여 하나님은 일하셨고 일하고 일하시리.

참사람의 머리.

로고스의 씨를 심은 이 머리의 창조적 진화 과정이 곧 도(道)니라.

하나님의 형상을 닮은 지인(至人)을 창조하기 위하여 수십억년의 세월을 각고한 그 분의 심정을 깨달으라.

아담의 전락으로 대화를 잃은 후 저 〈참소(讒訴)하는 자〉[132]도 모르게 동정녀 마리아의 탯집 속에 하나님의 종자를 삼으신 비의여.

사람의 아들이신 예수가 하나님을 아버지라고 호부(呼父)했을 때 창조적 진화의 법륜 위에 앉으신 하나님의 기쁨이 어떠했으랴?

지심(至心)으로 한 아들을 낳기 위하여 얼마나 많은 가면과 표정을 창조하셨고 숱한 행적과 도행(道行)을 혈각(血刻)하셨던가?

대각(大覺)한 예수가 하나님을 아버지라 부르던 태초.

비로소 참사람의 날이 개명(開明)되고 영(靈)의 시대가 예고되었다.

---

132   참소(讒訴)하는 자 : 악마를 가리킴. 요한계시록 12장 10절.

예수는 대효(大孝)니라.

하늘이 내신 독생하신 대효니라.

하나님을 하나님답게 깨달아 섬긴 사람다운 참사람이다.

예수를 통해 무자(無子) 하시지 않으신 하나님은 비로소 아버지 구실을 하시고 참사람 예수로 말미암아 비로소 사람은 사람다운 자격을 얻었다.

효의 도리를 다하신 예수

부활 승천한 예수로 말미암아 하나님께서는 〈인간 머리의 창조〉는 끝났으나 그 지체가 될 〈인류 지체의 창조〉를 위하여 하나님은 오늘도 안식하지 않으시고 열심으로 뜻을 이루시기 위하여 일하고 계심을 명심하라.

하나님은 구름 보좌에 앉아 예배를 받으시지 않고 오늘도 역사 안에서 피투성이가 되어 싸우고 계심을 깊이 자각하라.

새붉이여

〈혼 머리〉그 신경 조직이 신비한 공동체를 창조하기 위하여 오늘도 창조와 진화의 수레는 회전하고 있다.

10.

자연의 지성(至誠)한 기도로서 탄생한 인간.
만물의 숨결이 뭉쳐 진화한 인간.
대지의 피가 엉켜 창조된 인간.
생명과 의식과 사색에서 빚어진 인간.
이 지고(至高)한 인간이, 이 지존(至尊)한 정신이, 이 지성(至誠)한 총화가, 이 지순(至純)한 열매가 전락했을 때,
새붉이여
그대는 아는가?
탄식하는 자연의 소리,
허무한데 굴복한 만물의 애통,
썩어짐에 종노릇하는 대지의 고통,
공포와 전율에 떨고 있는 생명의 몸부림을….
우주가 고대하며 전 피조물이 간절히 바라는 것은 하나님의 뭇아들이 나타남이니[133] 참사람 지인(至人)이 도래하여 사람 구실할 때 그 안에서 자연은 통일되고, 만물은 조화되고, 대지는 젖과 꿀이 흐르고, 생명은 노래하고, 정신은 고양되고, 영은 비상하리.
참사람의 탄생은 만물의 원(願)이며 전 피조 세계의 구원이며 대지의 의의이며 생명의 의미다. 만물을 낳고 기르는 창조 작업에 인간도 함께 참여하는 깊은 오의(奧義)를 자각 못하는 구도자는

---

133 로마서 8장 19절.

멍텅구리니라.

전락한 가인(假人)은 자연의 똥이며

나락한 소인은 만물의 찌꺼기이며

타락한 죄인은 대지의 고름이다.

깨진 기왓장도 그 부실을 업수히 여겨 외면하리라.

자연과 친화하지 못하고, 만물과의 대화를 상실하고, 대지와의 교감을 잃고 대생명들과 합창할 수 없는 인간의 비참함을 생각해 보라.

새붉이여

가인(假人)들의 불성(不誠)을 규탄하는 자연의 말 없는 노성(怒聲)을 고요히 듣자.

소인들의 부실(不実)을 질타하는 만물의 말 없는 탄식을 조심히 듣자.

비인(非人)들의 불각(不覚)을 타매(唾罵, 침을 뱉고 심하게 욕함)하는 대지의 말 없는 통곡을 아프게 듣자.

천인(賤人)들의 불충(不忠)을 타도((罵倒)하는 생명의 말 없는 신음을 아리게 듣자.

이성의 짐승들이여. 문명한 만인(蠻人)들이여.

지고(至高), 지존(至尊), 지성(至誠), 지순(至純)한 사람의 품위를 자각하자.

새붉이여

인간을 타락시킨 악마를 고발하자. 정신권에 죄를 오염시킨 옛 뱀[134]을 색출하자.

순수한 의식속에 악을 밀입(密入)시킨 사탄을 검거하자.

영적 성병(性病)을 유전시킨 누시엘(루시퍼)[135]을 분살(焚殺)하자.

지인(至人)의 각(覺)이 정사와 권세와 이 어두움의 세상 주권자들과 하늘에 있는 악의 영들을 일망타진하리라.

〈보라. 내가 만물을 새롭게 하노라〉[136]

우주에 메아리치는 이 복음. 오 할레루야

만물의 가슴을 울리는 이 소식. 오 알레루야

134　옛 뱀 : 요한계시록 12:9.

135　누시엘 : 타락한 지혜천사인 루시퍼를 말함. 이사야 14장 2절; 누가복음 10장 18절.

136　요한계시록 21장 5절.

11.

반석에서 뿌옇게 눈을 뜬 생명.
생명에서 화알짝 만발한 의식과 정신,
정신에서 알차게 열매 맺은 각(覺)과 영(靈),
잠시 후 생명 나무에는 신비한 인격이 결실되어 영원 속에 수렴되리.
고성(古聖)들은 그 시운(時運), 그 도연(道緣), 그 혈맥, 그 풍속따라 〈개별의 각(覺)〉을 이루었으나 마지막 날에 이르러 세계심전은 〈공동의 각〉을 이루리.
〈공동의 각〉으로 〈사랑의 공동체〉를 이루지 못한 자는 생명의 장(章)에서 도말(塗抹)되리.
〈공동의 각〉을 이룬 지인(至人)의 씨가 새 땅에 도래할 때 〈아담의 종자(種子)〉는 역사의 지층에 묻혀 화석이 되리.
이기적인 너무나 이기적인 유인(類人)들의 심성은 거룩한 농부의 손으로 개량되고 혈족의 가정은 번개의 풀무 속에 성화(聖化)되리.
아. 사랑의 공동체 안에서 우리는 기(氣)로 성교(性交)하자.
대도(大道)의 머리이신 예수의 신경계통을 따라 그 지체인 인류가 탄생하리.
새붉이여
우리는 사랑으로 하나가 되자.
피나는 고행과 지계(持戒)에서 해방될 날이여.
고독과 오뇌의 자세에서 해탈할 날이여.
어서 오라. 어서 오라.

12.

새붉이여

말인(末人)들이 몰락하는 문명의 일모(日暮)를 바라보며 애곡할 때 지인(至人)은 새날의 일륜(日輪)을 바라보면서 참 신을 찬미하리라.

오늘의 장(場)에서 비관주의와 낙관주의는 동시에 공존한다.

뒤를 돌아보고 사멸할 무리와 앞을 향해 전진하는 새 무리가 현대 광야에서 공존한다.

출애굽한 낡은 무리가 다 죽을 때까지 모세오경은 그 깊은 의미를 상실치 않으리.

범죄한 무리들이 소리없이 죽어가는 광야에서 조용히 지인(至人)은 등장하리.

새붉이여

깨달아 스스로 가인(假人)의 탈과 옷을 벗으라.

결단하여 스스로 종교의 미신을 깨트려라.

묻노니, 그대의 지평은 어딘가? 그대는 비관주의자인가 아니면 낙관론자인가?

사람다운 사람이 되어 사람 구실하자.

그러면 하나님다운 하나님이 나타나시리.

짐승에게는 요정(妖精)이, 원인(原人)에게는 정령과 자연숭배로, 가인(假人)에게는 다신(多神)과 유일신으로 나타나신 하나님의 가면들.

참사람이 없는데 어찌 하나님다운 참 하나님이 나타나겠는가? 또 죄인들이 어찌 참 하나님을 체험할 능력이 있겠는가.
가인(假人)들의 정신과 의식 구조의 사고방식으로는 치밀하게 짜인 종교의 그물에서 해탈할 수 없다.
닭의 날개가 봉황의 하늘을 모르고
참새의 깃이 독수리의 비술(飛術)을 모르고
백조의 여로(旅路)가 대붕의 무하유향(無何有鄕)[137] 을 모르듯
종교의 장에서 제신(諸神)에게 매달린 영적 미개인은 결단코 지인(至人)의 장과 차원을 이해하지 못하리.
새볽이여
보라. 열려오는 우주의 대계(大系)를….
순결한 빈집(無) 미래의 남상(濫觴, 사건의 작은 시작)을 …
하나님다운 하나님과 사람다운 사람이 만나는 날을 위하여
전 우주와 만물과 현상이 거룩하고 신비한 통일장(統一場)을 개봉하고 있다.

---

137 무하유향(無何有鄕) : 무위무작(無爲無作)의 절대 자유한 차원.『장자(莊子)』,「소요유(逍遙遊)」.

13.

고도로 세련되고 문명한 현대인도 영적 안목으로 볼 때 아직도 그 심령에 꼬리가 달린 이성의 짐승들이다.
영(灵)의 황무지에선 마음의 미개인들이다.
물질을 개발한 영장류에 앞선 종(種)인 현대인은 이 마지막 날 큰 번개를 맞고 영(灵)의 사람으로 돌변하리.
물질을 개발한 인간은 마음과 영을 개발해야 할 대과제가 남아 있다.
엄밀히 말하면 이 지구상에는 일찌기 참사람이 존재한 일이 없었고 우리들 가인(假人)들은 〈도상(途上)의 존재〉로서 지금도 진화를 계속하고 있다.
지난날 도연(道緣)에 따라 세계심전에 오신 고성(古聖)들은 사람의 탈을 쓰고 오셨으나 이는 추수의 때, 수렴의 날을 예비하기 위한 심전개발의 사명으로 오셨다.
나의 믿음은 〈오신 예수〉가 아니라 〈오고 있는 예수〉이다.
나의 예배는 종교의 장이 아니라 탈(脫)종교한 우주의 장이다.
지금 나는 37억의 유인류(類人類)가 운집한 무인지경(無人之境) 곧 사람이 없는 광야 황무한 세계심전에 서 있다.
번개여, 나를 고양하고 특화(特化)하라.
선악 나무에서 인간이 떨어져 새 땅에 이립(而立)할 때
영적 미개인과 마음의 야만인들의 꼬리가 떨어져 참사람의 눈을 뜨리.

직립인이 아닌 의미로 서는 이립인(而立人)이 탄생할 종말적 태초여.

아. 찬란한 진태양(眞太陽)이 솟는 신세계여.

14.

인간이 비인간화되는 종말적인 징후는 가인(假人)의 안목으로 볼 때는 비극적인 현상이나 지인(至人)의 형안(炯眼)으로 열린 미래를 뚫어볼 때 이는 진화하는 노상에서 몸부림치는 이성수(理性獸: 이성의 짐승)들의 추태이다.

새붉이여

그대는 분명히 깨달으라.

인간은 이미 창조된 존재가 아니라 지금 비로소 창조되고 있는 존재이며 올 자와 해후하기 위하여 〈가고 있는 자〉임을 잊지 말아라.

허무의 권(圈)을 탈출하여 〈하나님 권〉으로 진입하기 위하여 우리들의 각(覺)과 영(灵)은 분사(噴射)되어야 한다.

인간의 정신은 사고의 껍질을 깨고 각(覺)의 새 땅과 영(灵)의 새 하늘을 개간해야 한다.

그러므로 과거의 향수에 젖어 복고조의 인간성 회복을 떠벌리는 철인(哲人)은 열린 미래를 뚫어보지 못한 정신적 미개인이며 영적 야수들이며 심적 기아(棄兒)들이다.

닫힌 미래의 벽 앞에 서면 뒤를 돌아볼 방법밖에 다른 도리가 없지 않느냐?

새붉이여

묻노니, 틀에 짜인 기준과 낡은 판단과 주입된 선입관념과 수직적인 사고방식으로 네가 부르짖는 인간성 회복이란 그 무엇인가?

수학과 기계를 폐기하고 청산을 찾아 유유자적하는 것이 잃어버린 인간성을 찾는 길인가?

도시와 다방을 저주하고 수도원의 성역에 도피하여 검은 승복을 입고 죽은 신을 명상하는 것이 비인간화에서 해방되는 길인가?

장발을 하고 나신(裸身)으로 혼음하며 원시적인 환상에 젖어 환각제를 먹는 행위가 보다 인간적인 행동인가?

신화를 부활시켜 영웅 숭배의 찬가를 부르는 것이 사람다운 특성인가?

새붉이여

그대는 대인(大人)이 될 가능태임을 명심하여 저 조무래기 철학자들과 갈보같은 신학자들과 절교하라.

그대는 열린 미래 앞에 서라.

뒤를 돌아보고 소금 기둥이 되지 말고 탈출한 애굽을 그리워 하지 말고 역사의 속도를 타고 앞을 향해 약진하라.

우리들의 영(灵)이 광속(光速)이 될 때 영(灵)의 시대가 도래하리라.

과학은 백마(白馬)이다.

흰 말을 잡아타고 승리한 자가 되어 회귀하라.

기계를 영화(灵化)하라.

지인(至人)의 능력과 지혜로 수(數)와 대화하라.

15.

자유를 자율하는 〈능력에의 의지〉.

이것이 지인(至人)의 심성이며 이성이며 감성이다.

하나님의 형상을 닮은 참사람은 자유를 자율할 능력이 없는 천민을 끝없이 연민한다.

죄에서 자유한 인간은 은혜의 노예가 되었다.

빈곤에서 자유한 인간은 부요 속에 부패하였다.

윤리에서 자유한 인간은 최고급 악마가 된다.

능력이 없는 천한 자유인이여.

내핵(內核)의 영적 힘이 없는 부패한 종자들이여.

악마는 너를 항상 엿보고 음녀는 밤마다 너를 유혹하고 심기(心氣)는 응집하지 못한 채 타락한 산인(散人, 쓸모없는 사람)[138]이 되고 있다.

새붉이여

참 자유한 진인(眞人)은 산인(散人)이 아니다.

〈자유 비슷한 자유〉를 오각(誤覺)한 종교꾼들이여.

너는 다시 전락하여 새 죄의 시조가 되리.

악마는 〈해방된 끈〉으로 너를 결박하여 끝내 피살하리.

자유를 자율하는 법신(法身)이여, 부활한 존재여.

그대는 음계(音階)의 사다리를 오르며 날개 돋쳐라.

---

138 산인(散人) : 『장자(莊子)』, 「인간세(人間世)」.

자율할 능력이 없는 천민(賤民)에게 자유는 타락이며 범죄이며 죽음이다.

자율할 능력이 있는 지인(至人)에게 자유는 기쁨이며 사랑이며 창조이며 영생이며 예배이다.

자유. 비슷한 자유의 기치아래 무수한 생령(生靈)이 쓰러져 죽은 저 역사의 광장이 보라.

우리 경건하게 옷깃을 여미자

새붉이여.

그대는 〈권력에의 의지〉[139]를 경멸하고 〈능력(能力)에의 의지〉[140]를 사모하라.

그대는 저 천민(賤民)과 가인(假人)과 산인(散人)과 소인(小人)과 말인(末人)과 죄인을 경멸하고 참다운 지인(至人)을 사모하라.

자유를 자율할 능력이 있는 날.

하나님은 성(性)을 개방하시리.

---

139 권력에의 의지 : 자신의 영향력을 초극화하여 세계를 구축하려는 의지를 말하며, 니체의 초인은 이를 구현한 사람을 의미.

140 능력에의 의지 : 니체의 '권력에의 의지'가 신의 부재 상태에서 타자를 지배하려는 힘의 욕구를 강조하지만 능력에의 의지는 신의 존재를 인정하며 타자와의 협동과 조화를 이루는 신인합발(神人合發)의 능력을 강조함.

16.

새붉이여

악령들에게 점령당한 뜨겁고 차가운 매체들 ….

허무의 메시지를 지껄이는 전파의 미친 파도를 초극하라.

바야흐로 영파(靈波) 미디어의 시대가 소리 없이 도래하고 있다.

구텐베르그의 활자를 넘어서.

부라운관과 컴퓨터를 넘어서.

하나님의 새 계시가 영파(靈波)와 기파(氣波)를 타고 세계심전에 전달될 때 우리는 〈공동의 각〉을 이루리.

그대는 아는가?

로고스의 씨, 여래의 씨, 성(誠)의 씨가 묻힌 사람의 머릿골이 신비한 매체이며 영적 콤퓨터임을 깨달으라.

번거로운 가부좌를 풀고 일어나라.

대도(大道)의 머리이신 〈우주적 예수〉가 각(覺)을 다 이루고 대비(大悲)의 마음을 발(發)하고 보살의 길을 갔거늘 다시 무엇을 깨치겠다고 반가사유하시는고?

군더더기에 군더더기를 더할 뿐이다.

〈하나님 권〉으로 진입할 사랑의 공동체 안에 그 머리이신 예수의 메시지가 전달되는 날 우리는 고요에 도달하리.

전파 미디어에서 해탈못한 구도자는 만신(萬神)과 만령(萬靈)들이 무책임하게 선전하는 공중의 소식을 듣고 참 하나님의 말씀으로 착각하리라.

천차만별의 착각을 이룬 적그리스도들이 나타나 〈하늘 언론의 자유〉를 외치면서 무책임하게 새 시대의 공약(公約)을 남발하며 거짓 예언을 망발하고 있다.

이것이 양(羊)의 가죽을 쓴 거짓 선지자이며 신민(新民)을 오도하는 종교꾼들이며 영적 야바위꾼들이다.

새붉이여

허무의 권(圈)에 충만한 각종 메시지는 몽땅 귀신의 장난이다.

소인들이 〈각(覺)의 싸움〉으로 백가쟁명(百家爭鳴)하는 이 때.

아. 천하는 말씀의 홍수 속에 어지럽구나.

악마의 영감(靈感)으로 천재가 된 종교꾼들이 천사의 얼굴로 씨알을 미혹하는구나.

새붉이여

홀로 독각(獨覺, 홀로 깨달은 사람)했다고 떠벌이는 성문(聲聞, 불법을 듣고 깨달음을 추구하는 수행자)과 벽지불(僻地佛, 스승없이 홀로 깨친 불제자)을 멀리하라.

홀로 계시를 받았다고 선전하는 직업적인 성직자 당국자들과 절교하라.

〈십자가의 보살행(菩薩行)〉과 〈공동의 각〉은 역사의 방향이며 〈사랑의 공동체〉는 창조적 진화의 내실(內實)이며 수렴임을 깊이 대각하자.

제 9 장
대무(大巫), 마지막 때의 예언자, 새 시대의 전도자

1.[141]

내 뼈를 새 땅에 묻어 주십시오.

세계 내, 시방 사람이 없는 광야에 나는 서 있습니다.

영적 출애굽 이후 가인(假人)들은 문명한 현대광야를 방황하고 있으나 내 뼈는 요단강 저편 젖과 꿀이 흐르는 영(灵)의 땅 약속의 대지에 묻어 주십시오.

나는 모세가 아닙니다.

패역한 무리, 부패한 이데올로기의 환자들과 더불어 쓰러질 낡은 세대가 아닙니다.

황무지에서 출생한 새 세대, 새 무리를 이끌고 영(灵)의 땅을 향하여 전진하는 여호수아적 정신이 되게 하여 주십시오.

강하고 담대하게 앞으로 전진시켜 주십시오.

모세는 광야에서 낡은 무리와 더불어 약속의 땅을 바라보면서 죽었습니다.

모세의 시체[142]를 가운데 두고 천사와 악마가 다투던 의미를 나는 알고 있습니다.

한(恨)을 안고 현대 광야에 쓰러질 무리들.

진혼의 나팔을 불어 원귀(怨鬼)들과 무주고혼(無主孤魂, 임자없이 떠돌아다니는 외로운 혼령)을 달래게 하여 주십시오.

---

141 제9장 1절과 2절은 변찬린, 「祈禱」, 『씨알의 소리』 35호, 1974. 59-67.에 실린 글임.
142 모세의 시체 : 천사장과 마귀가 모세의 시체를 두고 싸우는 사건(유 1:9)으로 저자는 모세가 죽지 않고 부활한 사건의 증거로 해석함. 변찬린, 『성경의 원리 中』, 한국신학연구소, 2019, 315-318.

위와 앞이 교차하는 좌표에 나의 새 상(像)이 있게 하시고 뒤를 돌아보다가 소금 기둥[143]이 되지 말게 하십시오.

나는 다리(橋)입니다.

낡은 세대와 새 세대를 잇는 가교(架橋)입니다.

역사 시대와 영(靈)의 시대를 잇는 대교(大橋)입니다.

마지막 때의 예언자이며 새 시대의 전도자입니다.

빛나는 후생(後生)들이여.

나를 다리삼아 이 허무의 심연. 무의미의 골짜기를 건너가십시오.

---

143 소금 기둥 : 롯의 아내가 소돔성의 탐욕적 생활을 그리워하며 뒤를 돌아다 보다가 소금 기둥이 됨. 창세기 19장 26절을 참조할 것.

2.

새 지평에 새 무리가 도래하고 있습니다.
불꽃 같은 눈동자로 이 땅을 굽어보십시오.
지금 내 앞에서 위대한 하나님이 한 떼의 신민(新民)을 이끌고 당당하게 오고 있습니다.
부활한 고성(古聖)들의 환한 얼굴을 보십시오.
그 아롱진 색동 만다라 가운데 내 얼굴도 있게 하십시오.
도원(桃園)의 꽃비.
복사꽃 분분한 꽃비를 맞으면서 사랑의 공동체가 황금 나팔을 불면서 도래하고 있습니다. 고성(古聖)들이 그 반열을 거느리고 오고 있는 한길에 주저앉아 노추(老醜, 늙어서 추한)한 종교꾼들의 심술로 종교적 노망을 부리지 말게 하십시오.
하루빨리 죽는 것 만이 의미가 되는 낡은 무리.
저 종교의 여우들과 사상의 개들을 쫓아 버리게 하십시오.
나의 오뇌는 화산처럼 불타고 있습니다.
나의 말씀이 종교적 은어가 아닌데 알아듣지 못하고 조롱하는 저 비소한 천민들을 보십시오.
나의 내면은 지진이 터져 몸부림치고 있습니다.
신부를 찾아오는 신랑처럼 지금 새 사람이 오고 있는데 음심으로 귀신들과 통혼(通婚)하며 교미(交尾)하는 저 지적(知的) 야수들을 보십시오.
음산한 이 상가(喪家). 초상날 세상에 혼인 잔치를 예비하기 위하여 나는 왔으나 상신(喪神, 신의 죽음)한 종교적 깡패들은 나의 증거를 비웃고 있습니다.

오늘도 오뇌로 포도주를 담그면서 홀로 길을 가고 있는 고단한 나그네.

아! 나는 한 백년 앞서 왔습니까?

3.

나를 종교에서 건져 주십시오.
우리 모두가 종교의 거미줄에 걸린 약하고 여린 나비입니다.
거미의 밥이 되지 말게 하십시오.
죄의식의 독거미가 염통의 피를 빨며 혈식(血食)을 즐깁니다.
선악나무 가지 사이 겹겹한 거미줄을 돌파하여 무(無)의 하늘로 깃을 칠 능력을 주십시오.
나를 신의 최면에서 구해 주십시오.
나는 독심술(讀心術)에 걸린 순하고 착한 양입니다.
신들의 피리에 춤추는 괴뢰가 되지 말게 하십시오.
죄인들의 피 흘리는 비극을 제신(諸神)들은 즐겨 감상하고 있습니다.
어릿광대의 의상을 벗고 귀기(鬼氣, 귀신의 삿된 기운)가 꽉찬 허무의 극장을 탈출할 비의의 출구를 계시해 주십시오.
상징의 숲, 신화의 오솔길에서 희뿌연 내 의식이 눈 뜨던 아침.
나는 이내 종교의 포로가 되었고 죄의 수인(囚人)이 되었습니다.
아. 이제는 종교에서 해탈할 때입니다.
아직도 미개한 내 이성, 야만스런 내 지성이 한없이 부끄럽습니다.
막이 내리기 전에
신들의 박수갈채가 들리기 전에
나를 종교에서 건져 주십시오.

4.

내 임종은 황홀한 사정(射精) 중에 있게 하십시오.
찬란한 법열이 넘치는 영적 오르가즘의 정상에 누워 있게 하십시오.
열린 미래 순결한 동정녀를 향해 빛나는 나의 두상(頭像)을 발기시켜 주십시오.
이 성교(性交)를 축복하여 주십시오
이 사람을 영원 속에 새겨 주십시오.
나는 청순한 내일의 소녀를 사랑합니다.
나는 성숙한 모레의 숙녀를 사랑합니다.
나는 영원한 그 글피의 모성을 그리워합니다.
청정한 당신과 만나기 위하여
오뇌하고 고행하고 구도한 나의 상흔과 혈적(血跡)과 가시관을 보십시오.
혼신으로 사정(射精)하여 내가 죽어갈 때
오. 로고스의 씨알 속에 내 의식의 전 역사와 내 정신의 전 진화사가 농축되어 거룩한 〈하나님의 난자〉와 만나게 하십시오.
연꽃 자궁에 회임하신 여래모양[144],
백합 자궁에 비입(祕入)하신 예수모양[145],
나를 영원한 자궁 속에 꼬옥 잉태시켜 주십시오.
살내음, 꽃내음, 핏내음 싱싱한 요조숙녀의 체취에 취하여 숨 쉬

---

144   저자의 『선방연가(禪房戀歌)』, 「연꽃의 속삭임」을 참고할 것.
145   저자의 『선방연가(禪房戀歌)』, 「백합개현」을 참고할 것.

게 하십시오.

천진과 무심으로 웃는 아이를 안고 젖을 먹여 주시는 〈자씨(慈氏) 어머니〉.

아. 나른하게 자부름이 옵니다.

고요히 자장노래를 불러 주십시오.

5.

나는 바람이 되고 싶습니다.

나를 새바람 하늬바람이 되게 하십시오.

풍류의 멋장이가 되어 바람을 피우고 싶습니다.

나는 돌승(僧)이 아닙니다.

나는 종교꾼이 아닙니다.

절로 부는 바람 어디서 왔다 어디로 가는지 알지 못하는 신령한 바람[146]이 되게 하십시오.

바이 머무른 바 없이 마음을 내는[147] 풍류체(風流體)가 되어 피리 구멍으로 나들이하는 가락이 되게 하십시오.

저 석두(石頭)들이 굳게 고집한들 그 몸에 바늘귀 만한 구멍이 없겠습니까?

그 구멍으로 흐르는 바람이 되어 피리 소리를 내겠습니다.

어느 곳에 가든지 피리를 부는 풍류객(風流客)이 되게 하십시오.

어느 곳에 있든지 거문고를 타는 한량(閑良)이 되게 하십시오.

천하는 신비한 교향악단입니다.

인심(人心: 사람의 마음)은 이상한 악기입니다.

몸마다 뚫린 구멍, 마음마다 메운 거문고 줄.

탁약(橐籥)[148]이 풍겨 내는 바람이 되어 신비한 악기를 연주하게

---

146 '성령으로 거듭난 사람'을 일컫는 말로 요한복음 3장 8절을 참고할 것.
147 응무소주이생기심(應無所住而生其心)으로 금강경에 출전을 두며, 이 구절은 듣고 혜능이 불도의 길로 들어선 것은 유명한 일화임.
148 탁약(橐籥): 피리와 풀무. "천지지간기유탁약호(天地之間其猶橐籥乎)". 『노자(老子)』 제5장.

하십시오.

고요에 자리하신 고요시여.

숨결들이 뿜어내는 만유(萬有)의 합창과 교향악을 들으십시오.

암혈(岩穴, 바위구멍)로부터 빈문(牝門)[149]에 이르기까지

자유자재로 나들이하는 풍류체가 되어

천하를 주행하다가 어느날 드디어 고요에 도달하여 안식하게 하십시오.

149　저자의 『선방연가(禪房戀歌)』의 「난(蘭) 옆에서」를 참고할 것.

6.

새 계시와 영감을 주십시오.

어제까지 나는 성인(聖人)교향곡을 작곡하였으나 오늘부터 나는 신세계 교향곡을 창작하고 싶습니다.

음계(音階)에 흐르는 현묘(玄妙)한 풍류(風流)

곡신(谷神)의 메아리, 불사(不死)의 신운(神韻)

선(線)없는 오선지 위에 〈음부(音符)의 영(靈)들〉을 배열하겠습니다.

현 없는 줄 위에 〈음색(音色)의 영(靈)들〉을 춤추게 하겠습니다.

음악과 동기(同氣)가 되어 교향하여 공명하며 율동하게 하십시오.

웃는 귀.

주의의 잡음에서 자유한 귀입니다.

사상의 파음(破音)에서 해방된 귀입니다.

종교의 불협화음에서 초극한 귀입니다.

고요에 비장(祕藏)된 원음(圓音)을 작곡하게 하십시오.

만유에 충만한 불음(佛音)을 녹음하게 하십시오.

천하에 흐르는 묘음(妙音)을 창작하게 하십시오.

음악이 아닌 다른 소식은 모두가 거짓이며 까마귀의 울음입니다.

내가 작곡한 신세계 교향곡을 성인(聖人)악단에서 초연하는 날이 반드시 올 것입니다.

하나밖에 없는 지구촌으로 연주여행을 오기 위하여 무천(巫天)에 엉켜 있는 고성(古聖)들은 〈성인총회(聖人總會)〉를 개최하고 있지 않습니까?

7.

나로 하여금 성인(聖人)의 입에서 여의주를 빼게 하십시오.
성인(聖人)들은 옛 뱀의 입에서 구슬을 빼었으나 나는 성인(聖人)의 입에서 그 핵을 좌탈(坐奪)하겠습니다
나의 장애는 성인(聖人)입니다.
비약의 장에서 성인(聖人)들은 내 발목을 꽉 틀어잡고 있습니다.
나를 장악하여 노예로 만든 고성(古聖)들의 손을 화염검으로 내려치지 않으면 어찌 새 차원이 열리겠습니까?
종교의 성(城)을 훼파하고 성인(聖人)들의 문을 박차고 구름의 암층(闇層)을 넘어 용들의 권세를 깨트리게 하십시오.
예수의 여의주인 사랑
석씨의 여의주인 자비
노자의 여의주인 현빈(玄牝)
공자의 여의주인 성인(誠仁)
이 진주를 빼어서 한 실로 꿰겠습니다.
저 아는 척 뽐내는 소인배들은 모르고 있습니다.
〈나에게 있어서 성인(聖人)은 악마다〉라고 갈파하는 나의 대언(大言)을 알아듣지 못하고 나를 독성죄로 고발하며 돌을 들어 정죄하는 저 종교꾼들의 노성(怒声)을 들어보십시오.
성인(聖人)의 머리를 디디고 그를 초극하지 못하면 어찌 새 하늘을 개명하겠습니까?
예수를 만나면 예수를 죽이고, 여래를 만나면 여래를 죽이고, 공

자를 만나면 공자를 죽이고, 노자를 만나면 노자를 죽일 때, 새 땅에서 모든 고성(古聖)들은 부활하여 한 형제가 될 것입니다.

8.

한 그릇에 성인(聖人)을 비벼 먹겠습니다.
오늘 저녁의 식단은 비빔밥으로 하여 주십시오.
송이구이 한 접시에 한 대접 농주(農酒)도 곁들여 주십시오.
나는 식도락가는 아니지만 오묘한 도연(道緣)으로 사해(四海)의 진미(眞味)를 두루 맛보았습니다.
철따라 노자의 골과 석씨(釋氏)의 염통과 구(丘, 공자)의 간이 요리상에 오르더니 나중에는 〈민주라는 구(狗, 개)탕〉과 〈공산이란 이름의 뱀 회(膾)〉까지 시식했습니다.
역겹고 구역질나는 구(狗) 탕과 뱀 회(膾).
하나님께 공드려 낳은 자식이 무슨 팔자로 이런 괴식(怪食)을 먹어야 합니까?
무(巫)의 식성, 내 밥통이 아니면 소화할 수 없는 요리들을 한 그릇에 몽땅 비벼먹고 태산같은 똥을 시원하게 배설하겠습니다.
이 밥통이 어찌 영생하겠습니까?
이 똥 만드는 기계가 어찌 불사(不死)하겠습니까?
비린 육류를 끊고 혓바닥 간사한 오미(五味)를 잊고 우주에 가득 찬 생명의 진기(眞氣)를 맛보게 하십시오.
빛의 자양(慈養)을 먹고 살찌게 하십시오.
나는 생명의 비밀을 엿보았습니다.
어느 날엔가 나를 구성한 원소들이 바람에 날려 기화(氣化)되고 시해선(屍解仙)¹⁵⁰될 때 드디어 인간은 자연화(自然化)되어 천장지구(天長地久)¹⁵¹할 것을….
나는 새로운 실재로 변화 받을 것을 환히 알고 있습니다.
저 에녹과 멜기세덱과 엘리야와 예수 모양 우화승천(羽化昇天)할 것을 환히 알고 있습니다.

---

150 저자는 성서의 선맥(仙脈)을 해석할 때 포박자가 사용한 시해선(尸解仙)이라는 용어가 아닌 시해선(屍解仙)이라고 쓴다. 문자 그대로 무덤에 주검을 남기지 않고 궁극적 인간이 된다는 뜻으로 사용함.

151 천장지구(天長地久) : 『노자(老子)』 7장.

9.

나는 한국산 종자(種子)입니다.

이 마지막 날에 〈혼〉의 껍질을 쓰고 고난의 역사를 십자가처럼 짊어진 채 세계 내, 역사의 한 가운데 서 있습니다.

단군의 뿌리로부터 성장한 생명수.

정정한 신단수(神壇樹) 가지에 결실된 알찬 열매를 따 먹어 주십시오.

이 신령한 나무에서 새날의 지인(至人)은 꽃필 것입니다.

비색(秘色)의 빛, 무(無)의 하늘아래 표백(漂白)된 백의(白衣)의 조상들의 혈맥(血脈)과 도맥(道脈)에 개화한 정신들이 어찌 이다지도 아름다운 지요.

우러러 합장하고 지성을 드린 대공(大功)으로 오늘의 우리는 존재합니다.

하나님으로부터 연쇄된 황금의 고리(環).

우리 안에 착하고 의롭고 순하고 슬기로운 조상들의 심정을 부활시켜 주십시오.

세계심전을 향해 한국은 무엇을 자랑하겠읍니까?

양키(미국인)들은 자본주의를 수출하고, 로스께(구 소련인)는 당(党)을 밀매합니다. 되놈(중국인)들은 모(毛, 모택동)이즘을 떠벌리고, 쪽바리(일본인)들은 소니 라디오를 팔아 치부합니다.

스위스 사람들은 시계를 만들고, 아랍인들은 불모의 사막에서 석유를 퍼냅니다.

한국 사람은 〈참사람〉을 자랑하게 하여 주십시오.

신단수(神壇樹)에서 지인(至人)이 결실되면 이 씨앗을 세계심전(世界心田)에 파송하는 농부가 되게 하십시오.

사상의 십자가를 지고 역사의 골고다에 달린 한국의 대고상(大苦像)을 굽어보시고 부활의 능력을 주십시오.

오른편에는 〈자본주의라는 이름의 강도〉와 왼편에는 〈공산주의라는 이름의 강도〉가 암호처럼 매달려 있지 않습니까.

참 길은 중도(中道)의 십자가를 지시고 가운데 달린 예수상(像)임을 내 겨레가 자각할 수 있게 하여 주십시오.[152]

새 날 모든 길은 한국으로 통할 것을 나는 알고 있습니다.

---

152 변찬린, 『성경의 원리 上』, 한국신학연구소, 2019, 10.; 같은 저자, 『성경의 원리 下』, 한국신학연구소, 2019, 534-540.

10.[153]

나는 대무(大巫)입니다.
무(巫)의 식성으로 성인(聖人)을 잡아 먹은 대무입니다.
조무래기 샤아만이 아닌, 뜨내기 무당이 아닌, 신접한 새탄이[154]가 아닌 신시(神市)의 흔사람 대무입니다.
이 나라에 현묘한 도가 있으니 풍류입니다.
풍류체가 되어 종교 아비를 삼키고 한국 심성의 오지(奧地)를 개발하여 이 시대의 고뇌를 초극하고 인류의 고난을 극복하고 역사의 물음에 대답하게 하십시오.
세계사의 네거리에서 살풀이 굿을 하지 않으면 전쟁은 끝나지 않습니다.
사상의 골고다에서 해원 굿을 하지 않으면 이 땅 위에 평화는 없습니다.
살인한 형제들의 속죄 굿을 하지 않으면 이해와 화동(和同)은 결단코 없습니다.
저 허공에 전운(戰雲)처럼 엉킨 원귀(怨鬼)와 무주고혼(無主孤魂)들의 한(恨)을 풀어줄 자 그 누구입니까?
백악관에서, 크렘린 궁에서, 자금성에서, 북악산에서, 모란봉에서, 부란덴부르크문에서, 예루살렘에서, 베트남에서, 악령과 사신(邪神)을 축출할 자 그 누구입니까?

---
153 이 시는 변찬린, 「증산의 해원사상」, 『증산사상연구』1, 1975, 88-89쪽에 수록되어 있음.
154 새탄이 : '새를 탄 이'로 죽은 아이의 혼이 무당에게 실린 아기귀신.

유일신 야웨와 유일신 알라의 불화를 제거하고 이삭과 이스마엘 사이에 살(煞)을 풀 자[155] 그 누구입니까?

힌두교와 모스렘 사이에 살기(殺氣)를 제거할 자 그 누구입니까?

자본주의와 공산주의 사이에 엉킨 증오를 없이할 자 그 누구입니까?

대무는 새날을 개명(開明)하는 한국인의 사명입니다.

화쟁(和諍)은 한국 혼의 저력입니다.

내 조국은 더러운 세계사의 죄악을 속죄하기 위하여 보혈을 흘리고 있지 않습니까.

나는 뜨거운 눈물과 깊은 신음과 임리(淋漓, 피와 땀이 떨어지는 모양)하는 피로서 무(巫)의 굿을 하여 이 땅에 평화의 성대(聖代)를 개천(開天)하고 자유의 성일(聖日)을 개명(開明)하겠읍니다.

---

155 살(煞)을 풀 자 : '살풀이'하는 대무(大巫).

11.

영(靈)의 원광(原鑛)을 개발할 능력을 주십시오.
이 심산(心山)에 무진장으로 매장된 〈로고스늄〉을 개발하여 영생의 불꽃을 점화하게 하십시오.
성인(聖人)들의 심맥(心脈)은 이제 영험이 없습니다.
신약(新約)과 대장경(大藏經)과 사서(四書)와 무위(無爲)의 말씀은 호리꾼들의 심한 도굴로 인하여 바닥이 났고 영(靈)의 진주와 각(覺)의 사리들은 종교꾼들이 매점한 보석상인들에게 독점되었습니다.
폐광은 여우들의 굴이 되고 들개의 처소가 되고 뱀의 집이 되었습니다. 청산을 누비며 다니는 저 호리꾼들과 심마니와 땅꾼들을 보십시오. 갱 속에서 암혈 속에서 토굴 속에서 노다지 꿈에 대취(大醉)한 뜨내기 구도자들을 보십시오.
영감(靈感)을 잃은 청산(靑山).
고지(高地)마다 초연(硝煙) 자욱한 격전장이 되었고 계곡마다 병사들의 계급장이 뒹굴고 언덕마다 병사들의 군화가 흩어져 있습니다.
김이 빠진 영봉(靈峰)마다 펄럭거리는 군기(軍旗)를 보십시오.
황금을 독점하려고 출원(出願)한 자들이 피비린 〈각(覺)의 싸움〉을 하다가 악령들에게 피살당하고 있습니다.
하나님이 광주(鑛主)이신 로고스의 산.
그 청맥(靑脈)을 개발하기 위하여 입산한 나는 시굴(試掘)의 첫 삽을 파 헤쳤습니다.

산을 사랑하고 산에 소요하는 선(仙).

로고스의 산에서 저 예수가 엘리야와 모세를 만나듯[156]

나도 모든 성인(聖人)들과 만나게 하여 주십시오.

나의 변화산(變化山)에서 나를 우화(羽化)시켜 주십시오.

---

156 예수의 죽음을 앞두고 예수 앞에 모세와 엘리야가 나타난 원인을 규명하는 것은 그리스도교 신학의 난제 중 하나이다. 변찬린은 이를 예수가 모세의 죽었다 살아나는 부활의 길을 선택할지 엘리야처럼 살아서 승천하는 길을 모색할 지에 대한 사건으로 해석함. 변찬린, 『성경의 원리 上』, 한국신학연구소, 2019, 69-73.

12.

나는 한 백년 앞서 왔습니까?

내가 영(靈)의 시대를 예언하고 지인(至人)의 탄생을 선언하고 인간의 원리를 개봉(開封)하고 미래를 노래하니 저 하찮은 소인들은 대소(大笑, 크게 비웃음)합니다.

〈종교에서 탈출하기 위하여 출애굽 하라〉, 〈성인(聖人)들을 살리기 위하여 고성(古聖)들을 초극하라〉, 〈세계의 평화를 위하여 해원굿을 하자〉, 이렇게 대갈(大喝)하니 천박한 종교꾼들은 알아듣지 못합니다.

사랑의 공동체와 신령한 공동각(共同覺)을 증거하니 오만한 석두(石頭)들은 개별의 각을 고집합니다.

〈책을 분서(焚書)하라〉, 〈도서관을 방화(放火)하라〉, 〈사상(思想)을 폐기하라〉, 이렇게 충고하니 문어 대가리 지성들은 냉소합니다.

자유와 자율과 성과 사랑을 노래하니 저 천민인 도덕가들은 비난합니다.

〈영(靈)의 원광(原鑛)을 개발하라〉, 〈로고스늄을 채굴하라〉, 〈성령의 불을 가동하라〉이렇게 외치면 미신(迷信)하는 과학자들은 믿지 않습니다.

불신과 몰이해와 냉대 속에 나는 침묵해야 합니까? 나는 화성에서 온 괴인(怪人)아닌 이 땅에서 천명(天命)을 받은 사람인데 왜 고독히 소외 당해야 합니까?

나의 말은 천사의 방언도 아니고, 나의 증거는 신들의 은어도 아닌 사람의 범언(凡言)인데 왜 알아듣지 못합니까?

나의 가슴속에 불붙는 이 진리의 씨앗이 소리없이 핵폭발하여 모든 사람의 뇌간(腦幹) 속에 연쇄반응을 일으켜 세계심전을 혁명할 날이 반드시 올 것입니다.

나의 우월성 때문에 나는 고독합니다.

제 10 장
그대 면벽(面壁)한 동굴에서 나오라

1.

피 흘린 긴 고독이 다해 눈이 열리고
씻은 귀 고요히 소식이 들려오고
해 맑게 개인 첫 새벽 하늘에
만선(萬善)의 층계와 만덕(萬德)의 문[157]이 환히 보여도
내 개안(開眼)했거니 우쭐하지 말아라.
내 도통(道通)했거니 뻐기지 말아라.
새붉이여
참 각자(覺者)와 견자(見者)는 범용(凡庸)한 자리에서 하염없이 알아 신묘한 언행과 기이한 주술과 허황한 무사(巫事)가 없도다. 참사람은 한 무명(無名)한 씨알로서 세속에 묻혀 바라지 문틈으로 내다보아도 천하대세를 환하게 알며[158] 세계심전의 추수의 때를 조용히 기다린다. 이런 사람을 일러 역사의 한 가운데 선 성인(成人)이라 한다.

---

[157] 만선(萬善)의 층계와 만덕(萬德)의 문 : "천신국유천궁(天神國有天宮) 계만선문만덕(階萬善門萬德)" 하늘은 하느님의 나라이니, 하늘 궁전이 있어서 온갖 착함으로써 섬돌을 삼고, 온갖 덕으로써 문을 삼았느니라. 「삼일신고(三一神誥)」, 「천궁훈(天宮訓)」.

[158] 불출호지천하((不出戶知天下). 문밖에 나가지 않고도 천하를 다 안다는 의미. 「노자(老子)」 제47장.

2.

저 허공에 유리 방황하는 잡다한 영들은 〈야바위 영감(灵感)〉으로 남근(男根)을 발기시켜 간음케 하리라.

새붉이여.

그대가 성도(成道)하는 날.

신접(神接)한 고추가 굳굳하게 일어나리니

그 음심(淫心)을 〈성인(聖人)의 양기(陽氣)〉라 오각(誤覺)하고 함부로 외도(外道)하지 말아라.

진 수렁에, 보랏빛 늪지대에 잘못 빠지면 그 혼이 익사하리.

이런 구도자는 저급한 영들과 야합하여 하나님의 심정을 훔친 절도요 강도이다.

저들은 새 계시를 받았다고 떠버리고 있으나 실상은 적그리스도이며 사기꾼이며 괴이한 색(色)에 미친 종교꾼들이며 가룟유다이다.

새붉이여

〈각(覺)의 도적〉들이 은밀히 너를 노리고 있음을 명심하라.

도인(道人) 아닌 도인(盜人)들이 영산(灵山)에서 개판을 치는 세상.

아으. 조심하여라. 조심하여라.

3.

「요한 계시록」을 해독한답시고 금식하지 말아라.
『주역(周易)』에 미쳐 그 수(數)에 미혹 당하지 말아라.
『정감록』을 파자(破子)하여 헛된 꿈을 꾸지 말아라.
「이사야」와 「예레미야」와 「에스겔」을 흉내 내지 말아라.
묵시록과 예언서과 비기(祕記)와 참서(讖書)는 소인을 미혹하여 이기적인 사심을 발동케 하리.
붉은 영감(靈感)과 음녀의 미약(媚藥)에 취하여 역사의 뜻을 정각(正覺)한 자가 있었던가?
새붉이여
심통(心通)의 오지(奧地)는 해골을 갈아 먹는 핏길 가싯길이니 선불리 입문하여 광자(狂者)가 되지 말고 종교의 사기꾼이 되지 말고 사상의 주구가 되지 말라.
영적 도인(盜人)이 되지말고 파렴치한 정상배(政商輩)가 되지 말라.
개미(蟻)도 닥아올 태풍을 알고, 거미(蜘蛛)도 하늘 마음조짐을 알아 풍성(風聲: 바람소리)우는 처마 끝에 도사려 숨고, 과수원의 과실도 무심히 익어 낙과(落果)함이여.
오호라, 미물보다 못하고 초목보다 못한 사람의 무명(無明)인저.
얼마나 많은 구도자들이 영적 건달로 타락되었고 병든 허무주의자가 되었던가?
얼마나 많은 성도(聖徒)들이 미신과 광신과 맹신의 수렁에 빠져 정신적인 폐인이 되었던가? 청산과 광야와 숲길을 방황하다가 늑대와 독수리의 밥이 되었고 사신(邪神)들의 찬(饌, 먹이)이 되었던가?

4.

성실한 터전 위에 세우지 않는 믿음은 불로소득의 요행을 바라며 허황한 영웅심으로 기적을 행하려 든다.

우러러 카리스마적 영력을 기리며 신유의 능력을 기도하니 이 허위와 망신을 어찌할꼬?

새봄이여

그대는 괴력난신(怪力乱神)을 탐내지 말라.

저 장돌뱅이 약장사 모양 새 종교, 새 사상, 새 이념을 떠벌리면서 권모술수로 업을 삼는 악마의 화신을 타도하라.

지금이 어느 때인데 씨알을 우롱하려 하느뇨?

북괴(北傀) 남괴(南傀) 서로가 악담을 하며 저주를 퍼붓는 인면수심(人面獸心)들이 씨알의 마음을 훔쳐 악마에게 팔아먹고 있다. 사람 비슷한 똥 만드는 기계들이 성인(聖人)의 자리에 앉아 천하를 호령하며 씨알을 수탈하고 있다.

의심암귀, 믿음이 없는 소소배(宵小輩: 간사하고 마음이 좁은 사람의 무리)들이 불신을 조장하고 증오를 발동시켜 씨알을 이간질하고 있다.

씨알의 혈즙(血汁)을 짜서 악마에게 뇌물을 바치는 비인비적(非人匪賊, 인간이 아닌 떼지어다니는 도둑떼)들과 부패분자(腐敗分子)들은 끝내 성근 천망(天網, 하늘의 그물망)을 벗어나지 못하고[159]

---

159 천망회회 소이불실(天網恢恢 疏而不失) : 하늘의 그물은 크고 넓어 엉성해 보이지만, 결코 그 그물을 빠져나가지는 못한다는 뜻. 『노자』73장.

인주(人誅, 사람이 주는 벌)와 천주(天誅, 천벌)를 당하리라.

새붉이여

지극한 덕(德)으로 씨알의 상심(傷心)을 싸매주고 인간적인 믿음을 회복시켜 주고 형제들을 한 자리에서 만나게 하라.

5.

바람이 센 날이여.

곳곳에 자칭 지도자와 영웅과 혁명가와 구세주가 나타났다는 풍문이 들여온다.

그들이 뉘뇨?

귀신들과 밀통하여 주사위를 던지는 도박사들이 아닌가?

고성(古聖)들이 한 얼굴로 화동(和同)하여 대도(大道)의 법륜(法輪)이 도래할 즈음이면 종교꾼들의 추태와 정상배들의 협잡과 무력한 지성인들의 가면극이 있기 마련이다.

낡은 역사를 마무리하는 때에 무슨 노릇인들 없겠는가?

온갖 유형의 종파와 사상이 범람하고 백가쟁명하는 때. 정밀하고 위조된 하늘 신임장을 흔들면서 새 시대의 초대장을 마구 남발하면서 씨알을 투망질하는 개들을 삼가라.

새 붉이여.

저 소인들의 경륜은 화투 끝의 오광(五光)

섯다를 하면서 역사를 창조하려 하는 불성실한 도박사를 고발하라.

정말 구경거리가 많은 시대에 우리는 살고 있다.

6.

새붉이여

네 자각을 소인(小人)들이 오고 가는 노선(路線) 위에 꽃 피우면 불량한 검은 손이 꺾어 버린다.

네 대지(大知)를 참새 떼 속에 종알대면 뭇 포수들의 겨냥을 받아 마탄(魔彈)이 네 염통을 찢어 버린다.

얼마나 많은 구도자들이 사상을 꽃 피우다가 피살되었던가?

얼마나 많은 잡가(雜歌)들이 까마귀의 잡음 속에 잦아들었던가?

새붉이여

네 마음 은밀하게 도적질하는 저 독심귀(讀心鬼, 남의 마음을 이용하는 귀신)를 보려마.

네 얼을 빼먹으려는 저 영적 야바위를 좀 보려마.

놈들에게 잘못 걸리면 네 자유는 독거미의 밥이 되리.

아으. 무섭다이. 악하고 음란한 이 세대여.

우리를 노려보고 감시하며 피살을 시도하는 저 사마(邪魔, 거짓마귀)와 정보원들 앞에서 참 대지자(大知者)는 멍한 척 하자.

오직 무심히 도통(道通)한 지인(至人)은 아는 체 똑똑한 체 약은 체 나서지 않는다.

저 아는체 뽐내는 소인들 때문에 세상은 무명(無明)이 덮쳤고 똑똑한체 거들거리는 천민들 때문에 도심(道心)은 타락했고 약은체 덤비는 속물들 때문에 세태는 혼탁해졌다.

7.

지성인들은 탕아(蕩兒)를 닮아가고 교양있는 숙녀들은 창녀를 닮아가고 있다.

탕남(蕩男)과 탕녀(蕩女)가 부모가 된 이 시대

몇 겹의 가면을 쓴 인간들인가?

사람마다 배우의 표정을 흉내내며 저마다 주연인 체 착각하며 행동하고 있다.

음란이 대하(大河)처럼 범람하여 그 탁류(濁流)에 익사하는 가인(假人)들이 죽어 가면서 성교(性交)를 하고 있다.

저 사색(死色)이 짙은 잿빛 하늘은 또 어떤가?

음란한 영들이 구름 속에 숨어 구도자들을 낚시질 하고 있다.

하여 밀통(密通)을 무상정각(無上正覺)으로 착각한 자들이 이상한 사명감에 날뛰면서 역사에 참여하려 한다.

새붉이여

많은 구도자들이 하나님을 부르면서 자신들도 모르게 악마의 첩자가 되었고 귀신의 충견(忠犬)으로 전락했다.

색다른 육욕을 찾아 침실을 더럽히며 하체의 쾌락에 탐닉하고 있다.

외도하는 종교적 탕아들이 어찌 새날의 대도(大道)를 깨닫겠는가?

음탕한 사상적 탕녀들이 어찌 새날의 아들을 구로(劬勞)하겠는가?

8.

새붉이여
공중에서 해적방송을 하는 정체불명의 영들이 많구나.
간교한 옛 뱀의 혓바닥으로 계시의 난수표를 지령하는 거짓말장이 사신(邪神)들을 각(覺)의 화살로 사살하라.
하나님께서 오는 계시를 교란(攪亂)시키며 영파(灵波)의 교신을 차단하려고 음모하는 불의한 자들이 암운(暗雲)의 전리층(電離層)을 형성하여 거짓 영감을 방전하고 있지 않느냐?
여름날 다발(多發)하는 뇌우(雷雨)처럼
이즈음 하늘에서 거짓 영감의 번갯불이 땅을 울리고 있다.
새붉이여
네 각(覺)의 안테나에 수신되는 소식과 기별을 몽땅 하나님의 계시로 받아들이지 말아라.
열린 우주를 향해 네가 채널과 다이알을 돌릴 때 이상한 영상과 잡음이 있지 않더냐?
참으로 대각한 지인(至人)은 안테나를 가설하지 않으며 채널과 다이알을 돌리지 않나니 너도 지인(至人)의 차원으로 도약하라.
일체 전파와 영파(灵波)와 기파(氣波)와의 교신을 끊고 고요와 대면할 때 바르게 깨달아 정행(正行)하리라.
무선을 끊고 영들을 분별하라.
허황한 영적 낭설(浪說)과 심적(心的) 유언비어에 현혹되지 말라.

9.

새붉이여

다종교 시대 하나님은 만신과 만령들에게 잠시 〈하늘언론〉의 자유를 허락하셨다.

제멋대로 떠벌리는 영들과 야합공모한 사이비 각자(覺者)들이 서투른 하늘 방언을 지껄이며 은혜를 받았다고 선전하고 있다.

해원(解冤)의 시대.

만신들아 네 멋대로 해 보렴.

만령들아 네 멋대로 해 보렴.

난장판을 이룬 각(覺)의 마당에는 온갖 유언비어가 떠돌며 영적 공약(空約)을 남발하고 있다.

생명을 잃고 천하를 얻은 자들이 하늘에서 오는 참 소식을 번역할 줄 몰라 이데올로기의 은어를 지껄이고 있다.

이 종말론적 언론자유의 소음과 신학의 공해속에서 조용히 고요를 개명한 자 만이 참으로 각자(覺者)이다.

새붉이여

묵여뢰(默如雷)하라.

묵여뢰(默如雷)하라.

10.

새붉이여

그대 면벽(面壁)한 동굴에서 나오라.

본명(本明)의 빛을 등지고 앉아 토벽에다〈각(覺)의 쐐기문자〉를 혈각(血刻)하던 고행자여.

습기 눅눅하고 곰팡이 핀 토막(土幕)에서 나와 약동하는 대생명의 진태양(眞太陽)을 보라. 독단과 편견과 아집을 버리고 절로 자율과 중용을 비득(祕得)한 참사람은 우주에 비각(祕刻)된 불립문자를 해독하고 만유를 관통하는 이성과 동기(同氣)가 되리.

본명(本明) 아래 이립(而立)한 참사람은 소성(小成)의 누더기를 벗고 소지(小知)의 독거미를 잡으며 소년(少年)의 환(幻)꿈을 깨노라. 심성과 지성의 궤적 위에 중도의 성륜(聖輪)을 운행하며 중용(中庸)의 명백사달(明白四達)한 덕(德)으로 신민(新民)과 대화하며 중화(中和)한 멋으로 풍류의 춤을 추며 중관(中觀)한 미소로 새날의 신부를 맞으리라.

독거미를 잡자.

〈실재(実在)의 오류〉와〈오성(悟性)의 독단〉과〈언어의 허구〉와〈회의의 심연〉과〈성격의 옹졸〉과〈선악의 오뇌〉와〈사고의 편견〉과〈종교의 만지(蠻地)〉에서 거미를 잡자.

그러면 바른 지혜를 얻으리.

11.

산곡(山谷)에 퇴수(退修)한 구도자들.
더덕과 도라지 몇 뿌리 뽑아 들고
북치며 나팔 불며 깃발 날리면서
서둘러 바삐 하산하더라.
〈무슨 뿌리인가?〉
〈인삼이로다〉
〈내가 보니 그 뿌리는 더덕과 도라지로다〉
〈신과 당(党)의 이름으로 맹세하노니 이 뿌리는 틀림없는 산삼이로다. 나를 따르라〉
〈허허허〉
영산(靈山)에 아직 기린[160] 이 나타나지 않고
신단수에 아직 봉황이 깃들지 않았거늘
산과 골 안에서 귀신들의 똥을 주워 먹던 조무래기 무당들이
앞질러 바삐 하산하여 자칭 사명을 받았다고 부르짖더라.

---

160 기린 : 성인이 태어나기 전에 미리 나타난다는 신령스러운 동물.

12.

새붉이여

강가에 앉아 하도낙서(河圖洛書)[161]가 떠오르기를 기다리지 말고
신구(神龜)와 우골(牛骨)을 태워 앞날을 문복(問卜, 점을 쳐 길흉을 물음)하지 말고
백운(白雲) 자욱한 청산에서 천서(天書)를 찾지 말아라.
지금은 성인(聖人) 없는 때,
허나 낙심하지 말아라.
씨알이 익어 성인(成人)이 되었으니 이 성인(誠人)이 곧 성인(聖人)이 아니뇨?
도도히 흐르는 역사의 혈하(血河)에서 역(易)을 얻고 균열된 포신(砲身), 녹쓴 병사의 철모(鐵帽)에서 갑골문을 읽고, 시대를 예견하며 시산(屍山)의 골고다에서 기린을 보는 견자(見者)만이 역사의 뜻과 암호를 정각(正覺)한 이 시대의 산 아들이다.

새붉이여

얼마나 많은 구도자들이 경서의 미로를 방황하다가 미쳐 버렸고 거짓 예언자로 전락되었고 뜨내기 점쟁이로 퇴화했던가?
헛된 욕심으로 시운의 산(算)가지를 잘못 놓고 혹세무민했던가?

---

161 하도낙서(河圖洛書) : 역의 효시가 되는 팔괘의 그림. 상서(尙書)에 의하면 복희씨의 치세 기간에 하수(河)에 용마가 나타나 그 무늬를 따라 하도(河圖)를 만들었고, 낙서는 하 우왕이 낙수에 있는 신성한 거북이 등에 새겨진 모습을 보고 만들었다고 함. 저자는 성서와 역(복희팔괘, 문왕팔괘, 정역팔괘)을 해석학적 이해지평에서 융합한 「성서(聖書)와 역(易)의 해후(邂逅)」, 『증산사상연구』(4), 1978, 139-184.라는 논문을 발표한 적이 있음.

13.

난해한 신화를 읽을 때
무염한 마리아의 성령잉태, 무덤에서 부활한 예수.
난삽한 암호를 풀이할 때
신단수 그늘아래 조용히 앉아 신약을 읽어라.
풀리는 매듭, 풀리지 않는 매듭
열린 문, 닫힌 문.
한 자물통, 두 열쇠.
풀리는 매듭은 풀고 열리는 문을 여는
합리와 필연의 열쇠, 서양의 이성
풀리지 않는 매듭은 풀지 않고 닫힌 문을 인봉하는
마음과 우연의 열쇠, 동양의 지혜
난해한 상징과 암호
암회색(暗灰色) 출구없는 벽을 향해
달마의 선(禪)으로 신약을 읽을 때,
풀리지 않는 매듭은 억지로 풀지 않고
닫힌 문을 도심(盜心)으로 열지 않는다.
절로 봉인을 떼는 말씀
절로 개봉되는 비의
풀리지 않는 매듭이 슬슬 풀리고 닫힌 문이 활짝 열린다.

14.[162]

공부자(孔夫子) 뵈오려 명륜당에 갔더니
도학군자(道學君子) 내 손목 잡더이다.
이 말이 서원 밖에 나돌면
쪼그만 새끼 소인(小人)아 네 말이라 하리라
그 자리 나도 자러 가리라
자고난 그 자리 같이 어수선한 곳도 없더라.

부처님 뵈오려 조계사에 갔더니
그 절 주지 내 손목 잡더이다
이 말이 산문 밖에 나돌면
쪼그만 새끼 상좌(上座)야 네 말이라 하리라
그 자리 나도 자러 가리라
자고난 그 자리 같이 어수선한 곳도 없더라.

산신님 뵈오려 칠성각에 갔더니
신선 아미 내 손목 잡더이다
이 말이 초암(草庵)밖에 나돌면

---

162 저자는 이 시의 창작배경을 다음과 같이 말하고 있다. "쌍화점(雙花店)은 고려가사의 일종이다. 쌍화(雙花)는 만두를 의미한다. 이 쌍화점가에는 네가지 음사(淫事)를 노래하고 있는데 회회(回回)아비, 절 사주(社主) 우물 용(龍)() 술집이 등장한다. 이 쌍화점가는 단순히 려사악지(麗史樂志)에 기록된 가사(歌辭)일뿐만 아니라 이 노래속에는 이 민족의 종교성이 깊이 암시되어 있다. 하여 필자(변찬린)는 이 가요인 쌍화점을 현대적 상황에 맞게 재구성하여 신쌍화점가를 지은 것이다."라고 한다. 변찬린, 「주문고(태을주와 시천고)」, 『증산사상연구』3, 1977, 278-281.

쪼그만 새끼 동자야 네 말이라 하리라
그 자리 나도 자러 가리라
자고난 그 자리 같이 어수선한 곳도 없더라.

예수님 뵈오러 예배당에 갔더니
부흥목사 내 손목 잡더이다
이 말이 교회 밖에 나돌면
쪼그만 새끼 집사야 네 말이라 하리라
그 자리 나도 자러 가리라
자고난 그 자리 같이 어수선한 곳도 없더라.

애고 더러운 내 팔자야
보소 이 음사(淫事)를
화냥질이라 침 뱉고 돌을 던지면
천하의 때(垢)를
어느 잘난 계집이 받습니까?

종교 아비들의 염심(染心)을 빨래하던
그 어수선한 잠자리의 뒤 안
아. 거룩한 꽃이 피더이다
아. 거룩한 향기가 나더이다.

제 11 장
우주를 순례하는 구도자

1.

비 터에서 천둥이 울고
번갯불이 치던 간밤
뇌암(雷岩)이 죽었습니다.
뇌암이 죽어
굳은 바위가 되었습니다
귀가 웃더군요
삼가 부고(訃告)합니다.

2.

우주를 순례하는 구도자.
잠시 지구별에 와서
하나님과 악마를 만나고
성인(聖人)들과 연인들을 만나고
비의(祕義)의 내면(內面)
성실과 고독으로 뭉친 핵
그 마음의 핵력(核力)을 개발하기 위하여
홀로 고행한 무명(無名)한 자각자(自覺者)
여기 누워있다.

3.

한 잎 지는
오동잎 몸짓은
무(無)의 소식을 전하는
하염없는 엽서

내 병처럼
가을이 깊어가면,
고담(古淡, 예스럽고 맑은)한 내면의 뜨락
심정(心情)의 나무에는
성(誠)의 열매가 익어 금빛 찬란하고

추수(秋水)처럼 맑은
의식의 수면(水面)
고요한 흐름 위에
한 조각 부운(浮雲, 뜬구름)이 자취없이 흘러간다.

시월 상달.
하늘 개인 날
청량한 바람 소소(蕭蕭, 쓸쓸이)히 불면
빛나는 내 영혼은
갈매빛 청산 허리에 펼쳐진

이내(嵐)[163]밭에 고독히 소요한다.

새털보다 가비야은 마음이여
바람을 탄 대붕(大鵬) 모양
존재를 뛰어 넘어
무하유(無何有)에 비상해 볼까?

---

163 이내(嵐) : 해잘 무렵에 멀리 보이는 푸르스름하고 흐릿한 기운. 남기(嵐氣).

4.

빛이로다.
빛이 있으라 하시도다
공허하고 혼돈한 땅
어둠이 깊음 위에 있는데
하나님의 영이 수면에 운행하시더니
빛이 있으라 하시도다.
장엄한 태초의 첫 소리로다
찬란한 신세계 서곡이로다
상하고 썩어져 냄새나는
무당 같은 심령들을 사랑하고저
갈보 같은 심령들을 구원하고저
완악하며 깨뜨릴 수 없는 사상 속에
죽었으며 깨울 수 없는 무덤 속에
빛이 있으라 하시도다.
나무에 달린 메시야 얼굴의 빛이로다
하늘 아바지의 영광을 아는 영원한 빛이로다.

5.

이삭을 자르듯

이삭을 자르듯

거룩한 농부는 내 목을 자르시리.

사람의 형상 가운데서 영원성을 갖춘 것은

해를 닮아 둥근 두상(頭像)뿐,

나를 영글게 한 목밑 사지(四肢)는

이삭을 잘리운 수수대 모양

흙 속에, 저 바람 속에

그 초라한 형해(形骸)가 썩으리로다.

사람의 머리는 도(道)

앞으로 약진하는 의식

로고스의 씨를 여물게 하기 위하여

백만 년 창조의 세월 속

거룩하신 농부는 쉬지 않고 조을지 않고

얼마나 많은 정성과 심혈을 다 했던가.

하염없는 대공(大功)

우러러 합장(合掌)하나이다.

보아라. 저 태양광선 아닌 신령한 진태양의 빛 아래

순금으로 여문 내 머리를, 빛나는 두상을 ….

6.

예지된 죽음이 신방(新房)을 두드릴 때
내 숨결은 광속(光速)의 흐름 위에 보금자리 하리.
의식이 빛이 될 때
신령한 기(氣)의 대하(大河)에 흐르는 빛나는 내 성개성(聖個性)은
무수한 영(靈)의 알갱이가 파도치는 고요한 바다의 해조음(海潮音)[164]을 듣노라.
그렇다.
내 고요로운 기식(氣息, 숨 기운) 형체 없는 가락이 되어
피리 모양 뚫린 자연의 구멍으로 나들이하리.
오. 음악은 순수하고 영원한 대 생명의 숨결이니
성인(聖人)의 노래도 이 가락에 삼킨 바 되리.
고요여.
만뢰(萬瀨)를 해독하면
원자(原子)와 갈대와 느릅나무와
고슴도치와 돌고래와 너구리와
코뿔소와 사자와 원숭이와 사람에게 이르는
크낙한('크고 넓은'의 북한말) 성교(性交)의 비음(祕音)
하나의 합창
거룩한 대생명의 숨결이여.

---

164 해조음(海潮音) : 고통받는 중생을 위한 크고 우렁찬 한결같은 부처의 설법.

7.

잠시후 겨울은 오리
닫힌 의식의 창가에 성애꽃 피고
감성의 나목(裸木)위에 함박눈이 내려
조락(凋落)한 언어와 개념들이 뿌리로 돌아갈 때
나의 꽃님이여.
우리는 아차(峨嵯, 높게 우뚝 솟은)한 은령(銀嶺) 넘어 히말라야에 살자.
통나무로 지은 박(樸)의 오두막 집
꺼지지 않는 원자로(原子爐)가에 단둘이 앉아서
대설에 묻힌 엄동(嚴冬), 노변(爐邊) 정담(情談)을 즐기자.
화로에 주전자 끓는 소리, 차의 선향(仙香)
이 심산유곡에 오르는 길은 신설(新雪, 새 눈)에 막혔으니
뉘라서 이 한산(寒山)[165]에 오랴?
아. 고즈넉한 적막이여
투명한 고독이여. 순백의 기쁨이여.
시간을 잊은 무시간(無時間)의 마당
달력이 없는 세월 속에 안식하는 우리
잠시 후 봄은 오리.

---

165 한산(寒山) : 당(唐)의 시인(詩人), 문수보살(文殊菩薩)의 화신(化身)이라 함. 이 글에서는 시인 한산이 암혈(岩穴)속에 자취를 감춘 장소와 같은 성스러운 공간을 말함.

8.

마지막 때의 가을입니다.
빙하기가 오기 전에
대지는 추수를 모두 끝내고
후조(候鳥, 철새)처럼 지금 나는 귀로(歸路)에 서서
낟가리한 들판을 조망합니다.

밭들은 흉작(凶作)인 듯 합니다.
과수원의 열매들은 낙과되고
목장에 신선한 바람은 불어오지 않습니다
맑던 대기는 방사능 낙진으로 오염되고
공업 단지에서 뿜어내는 연무(煙霧, 매연)로 흐려져
초원 넘어 숲에는 고사(枯死)한 폐목(廢木)들이
낙엽지며 소리없이 울고 섰습니다.

원정(園丁, 정원을 돌보는 사람)과 농부들이 도시로 떠난 후
쇠스랑과 삽은 동록(銅綠)이 쓸고
사람을 잃은 전원(田園)과 자연은
자식 없는 부모처럼 상심한 듯
고즈녁한 적막 속에 누워 탄식합니다.

오래지 않아서 탕자들은 돌아올 것입니다

마지막 때의 이 가을,

고향을 떠나 방황하는 존재들은

도시와 고도(孤島)에 유배되어

기계와 기구 속에 소외당하고

매연과 소음 속에 누워 객수(客愁, 타지에서 느끼는 향수)를 앓으며

노상(路上)에 서서

잃어버린 자아를 깨닫고

짙은 패배감에 통곡합니다.

9.

어느 점(奌)에서 떠났을까?
제로(零)에서 대폭발한 내 의식의 빛

찍을 수 없는 점(奌)
기억할 수 없는 저 쪽
두루뭉수리 내 무의식의 성운(星雲) 너머에서
무시(無始)의 전전생(前前生)에서
진화해 온 영자(灵子)의 알맹이.

광속(光速)으로 달리며
백억광년 가 없는 우주 속을
순례하며 고행하는 정신,
광막한 우주의 어둠을 뚫으면서
지금 나는 어디쯤 가고 있는가?

가고 있는 빛
도상(途上)의 현존이여
잠시 지구별을 스쳐갈 때
백만 년의 시간이 환(幻)처럼 흘러가고
탈바꿈하는 가면들
존재의 별들을 스쳐가면서

곧은 빛의 진로는
굽어져 곡선을 긋는다.

휘어지는 의식의 빛
가 없는 원을 직관하면서
되돌아 가는 곡전(曲全)[166]한 영(灵)이여.

현존하는 내 나이 몇 살인가?
지구별을 스쳐 가면서
또 은하와 해성운(蟹星雲)[167]을 넘어서
영원히 가야 할 내 나이는
영원한 오늘인가?

곳은('곧은'의 사투리) 곡선을 그으며
순례하며 고행하는 정신,
허무한 어둠의 공간을 뚫으면서
지금 나는 빛나는 광속으로 달려가고 있다.

---

166 곡전(曲全) : 곡즉전(曲則全), 『노자』22장.
167 해성운(蟹星雲) : 황소자리에 있는 가스성운.

10.

아듀
나는 고별한다
실상(實相)이 아닌 두 가면
낚시와 투망을 둘러맨 야웨와 누시엘(루시퍼),
은하 넘어로
성운 넘어로 사라져 간다.

지구별에서 폐업할 종교
새로 형성되는 다른 태양계로 가서
그들은 죄와 은혜의 균을 뿌려
〈만남의 극본〉을 연출하겠지,
공존하면서, 투쟁하면서
명우(名優)들을 등장시켜 비극을 연출하겠지.

〈거룩한 사기(詐欺)다〉라고
무전으로 신호하며 영파(靈波)를 보낼까?
초신성이 폭발하는 먼 외계 넘어
푸른 태양이 도는 어떤 위성으로
지구의 소식을 타전할까?

광파(光波)와 라디오파를 타고 흘러간 기별이

그곳 영들의 각(覺)의 안테나에 수신될 때,
낚시와 투망을 둘러맨 신과 악마는
수축 붕괴되는 먼 항성넘어
검은 태양이 도는 어떤 위성으로
협상의 보따리를 둘러메고 떠나가겠지.

야웨와 누시엘이 사라지는 신약의 일모(日暮)
노년기에 접어든 이 지구별
불붙는 지심(地心)의 연료가 탕진되어
수소와 헬륨의 열융합반응이 끝나고
죽음의 빙하기가 회귀하기 전에
나는 개명(開明)하리. 성차원(聖次元) 영공간(灵空間)을···.

앞서가며 손짓하는 하나님을 향하여
광속으로 달려가는 내 의식
아. 언제 도달하리
우주 넘어 사물의 배후
로고스와 브라만과 니르바나와 도(道)가 있는 곳.

11.

이상하다.

몸 안에서인지 몸 밖에서인지 나는 모르나

비몽(非夢)도 아니고 사몽(似夢)도 아닌

황홀한 가운데서 내가 본

이것은 환상일까? 계시일까? 예감일까?

파수군 없는 성(城)

텅빈 폐허 - 세속도시였다

저무는 서쪽

신약의 하늘가에 찬란하게 불붙는 낙조(落照)의 배광(背光).

선혈이 임리(淋漓)하는 일모(日暮)의 무렵에

갑자기 공중에 오고 가는 전파들이

경련을 일으키듯 소리없이 신경이 마비되더니

전파는 거대하게 짠 투망이 되어

도시의 모든 것,

광장과 가로수와 분수

은행과 증권시장과 주식회사

관청과 탑과 조각

윤전기와 전화와 타이프라이터

고궁과 교회와 빌딩

호텔과 사창가와 뒷골목

학교와 박물관과 도서관

음향과 냄새와 의상

부도수표와 주산과 상품

전자계산기와 텔레비젼과 신문

극장과 당구장과 레스또랑

공원과 공중변소와 벽

타인 기질과 군중과 피곤

노이로제와 우울증과 정신병원

감옥과 양로원과 공동묘지

소외감과 좌절감과 패배감을 일망타진한다.

던져진 투망 안에 포로되어

도시는 풍요하게 번쩍거리고 있다.

거리와 고가도로에 질주하는 헤드라이트의 광망(光芒, 빛줄기)

빌딩의 밀림

포도(鋪道, 사람이나 차가 다니는 넓은 길)에 범람하는 인파

휘황한 네온싸인

무질서한 간판

저속한 유행가

째즈의 애음(哀音)

값싼 유혹

고독한 방기(放棄)

성병과 지폐와 매약(賣藥)광고
니코친과 술과 환각제와 마약이
유리의 벽 안에서 계산되고 있다.
이상하다
도시의 눈부신 모든 것들
소리없이 죽어가고 있는 문명한 현상들은
투망을 망각한 채 부풀고 들뜨고 바람난 기분들
섹스의 붉은 술에 취해 비틀거리며
풍요와 사치와 환락을 만끽하고
허영과 타락과 번영을 구가하고 있다.
소화제와 정력제와 수면제를 남용하면서
먹고 마시고 춤추고 노래 부르는 만원도시(滿員都市)여.

애드벌룬 바람난 옥상과 공중에서
거부하는 몸짓으로 날개꺾인 비둘기가 추락한다.
소음 속에서 탈출한 자유의 새
도약과 비상을 시도하다가
쇼 윈도의 형광등에 부딪쳐 자살을 한다.
전파는 또 치밀하게 짠 거미줄이 되더니
포위한 공간에서 학살을 감행한다.
무력하고 선량한 지성(知性)의 나비들

독거미에 물려 버둥거리며 몸부림친다

도시의 소음은 비명이다. 통곡이다. 노호(怒號, 성난 부르짖음)이다

조직과 정보와 기구와 경제와 허망의 아가리

복합도시는 흡혈(吸血)의 향연을 즐긴다.

아. 낙일(落日)의 처절한 피바다

상신(喪神)한 신약의 황혼이여.

만종(晚鐘)이 운다

주홍빛 과밀도시(過密都市)에

깨진 종이 시궁소리내면서 무감동하게 운다.

거룩한 종도 시끄러운 소음이다.

창녀의 콧노래

자동차의 배기음

사신(死神)의 부고(訃告)처럼

거룩한 종도 유해한 소음이다. 공해다. 불협화음이다.

무의미한 종소리에 묻어오는 회색 땅거미

어둠이 상주(喪主)처럼 산발(散髮)한다.

동녘 하늘에 해골같은 달이 조등(弔燈)처럼 걸려

사색 짙은 병자모양 창백한 수은빛 귀광(鬼光)을 뿌리고

고딕식 성당의 양철지붕 위

검은 십자가 위에 앉은 한 마리 까마귀,

도괴(쓰러져 허물어짐)할 것 같은 교회의 종탑위

조무(吊巫)롭게 졸고 있는 수리부엉이,

아. 거대한 상가(喪家). 공포의 심연. 죽은 도시여.

어데서인지 누군가 울고 있다.

제단에서인지

유리의 벽 안에서인지

군중 속에서인지

조직 속에서인지

허무의 뒤 안에서인지

닫힌 내면에서인지

신의 흐느낌 같기도 하고

인간의 통곡 같기도 하고

기계의 톱니바퀴 소리와도 흡사한 복합된 괴음(怪音)

누군가 목이 메어 애곡하고 있다.

일망타진된 도시

풍요하게 눈부신 성(城)이여, 묘총(墓塚)이여, 바벨론이여.

산발(散髮)한 상주(喪主)의 머리카락 같은 어둠 속에서

형체도 없는 허무의 괴(怪) 그림자

히죽히죽 냉소하며 나타나더니

세속도시 일투망(一投網, 한번의 투망) 속에 몽땅 포획된 문명을 둘러메고

끝없이 깊은 암거(暗渠)의 밑창

자욱한 허무의 연기 속으로 소리없이 사라져 간다.

조용히 막(幕)이 내린다.

두루마리처럼 말려가는 신약(新約)의 하늘

무(無)의 바다가 출렁거린다.